轨道列车工业设计方法与实例

向泽锐 支锦亦 王超 李然 著

机械工业出版社

工业设计对提高列车的使用安全性、宜人性、美学和文化特性具有重要的作用。本书理论与实践相结合，较为系统地介绍了轨道列车工业设计方法及实例，包括轨道列车的起源和发展、轨道列车工业设计基础知识、轨道列车工业设计技术、轨道列车设计程序与方法，以及轨道列车设计案例。本书中的研究成果可为轨道列车工业设计提供理论依据和实践参考。

本书可作为高等院校工业设计、产品设计和车辆工程专业本科生、研究生和教师教学用书或参考资料，也可供工业设计、产品设计和车辆工程领域的从业人员及广大轨道列车设计爱好者参考。

图书在版编目（CIP）数据

轨道列车工业设计方法与实例/向泽锐等著. —北京：机械工业出版社，2019.12
 ISBN 978-7-111-64295-4

Ⅰ.①轨… Ⅱ.①向… Ⅲ.①铁路车辆–工业设计
Ⅳ.①U270.2

中国版本图书馆 CIP 数据核字（2019）第 269798 号

机械工业出版社（北京市百万庄大街 22 号　邮政编码 100037）
策划编辑：雷云辉　责任编辑：雷云辉
责任校对：刘志文　封面设计：马精明
责任印制：张　博
北京宝隆世纪印刷有限公司印刷
2019 年 12 月第 1 版第 1 次印刷
169mm×239mm·12.25 印张·197 千字
标准书号：ISBN 978-7-111-64295-4
定价：89.00 元

电话服务　　　　　　　　　网络服务
客服电话：010-88361066　　机 工 官 网：www.cmpbook.com
　　　　　010-88379833　　机 工 官 博：weibo.com/cmp1952
　　　　　010-68326294　　金 书 网：www.golden-book.com
封底无防伪标均为盗版　　　机工教育服务网：www.cmpedu.com

前言
Preface

工业设计是一门科学技术与人文艺术紧密结合的学科（专业），其核心是将社会文化要素导入工业生产体系，形成兼具功能属性与文化属性的现代工业产品。轨道列车的工业设计是基于既有技术或前瞻性技术，从人-车-环境系统的角度，对车体外观造型、车身色彩、内室环境、座椅、照明、材料质感，以及一切和驾乘人员有关的物件或相关环境进行研究，使其更加符合人的安全、舒适、审美、文化认同等综合需求。纵观轨道列车的发展历史，其工业设计经历了由低速到高速；由注重技术、忽略造型与综合舒适度到技术、造型与综合舒适度同时兼顾；由初期的机械式样到现在的流线外形；由初期的单一型号到如今多样化型号的演变过程。从工业设计视角对轨道列车进行研究，有助于提高列车的安全性、宜人性、美学和文化特性，使其与运营线路及城市相融合，成为提升国家和城市形象的一张靓丽名片。

本书作者是西南交通大学建筑与设计学院工业设计系教师，同时也是轨道交通国家实验室（筹）下属人机环境系统设计研究所团队成员，具有长期从事轨道列车工业设计研究与实践的教学科研经历。本书由作者结合近年在教学和科研方面取得的成果撰写而成，书中的设计案例均由团队设计师和作者指导的学生完成。在此，特对提供这些设计案例的团队设计师和学生，包括刘峰、徐笑非、杜洋、何思俊、王金、徐剑、梁刚毅、高鹏飞、梁军、陈金良、伊正瑞、丁磊、齐文溥、田明凯、黄登俊、唐召宇、亢静、陈洪涛、冯纾、梁哲等表示感谢。

本书得到了国家重点研发计划资助项目子任务"轨道交通列车空间及界面系统优化设计与综合评价技术研究（2017YFB1201103-9）""列车-线路-人文多要素耦合理论与设计方法研究（2017YFB1201103-11）""轨道交通列车车内视觉环境评价与优化设计研究（2017YFB1201103-12）"，教育部人文社会科学研究青年基金项目"具有地域文化的城市轨道列车工业设计理论研究与实践（17YJC760102）"，以及西南交通大学建筑与设计学院学术出版计划的支持，在此一并表示感谢。

  本书力求理论与实践相结合，以多型轨道列车案例为基础，聚焦从工业设计视角来阐释各型轨道列车在外观设计、驾驶界面设计、旅客界面设计方面具有工程可行性的设计方法，致力于唤起我国学术界和企业界对轨道列车工业设计的重视，进一步推动我国轨道列车工业设计的发展，促进我国轨道列车综合设计水平的提高。限于作者知识水平有限，书中如有错误或疏漏，还望读者批评指正。

目录 Contents

前言

第1章 概述 ··· 1

  1.1 轨道列车的起源 ·· 1

  1.2 轨道列车的发展 ·· 2

    1.2.1 早期的轨道专用载具 ··· 2

    1.2.2 铁路机车 ·· 3

    1.2.3 高速列车 ·· 7

    1.2.4 城市轨道列车 ··· 11

    1.2.5 前沿性轨道列车 ·· 19

  1.3 轨道列车工业设计 ·· 23

    1.3.1 工业设计概述 ··· 23

    1.3.2 轨道列车与工业设计 ·· 24

    1.3.3 世界主要的轨道列车工业设计机构 ······························· 24

  参考文献 ··· 28

第2章 轨道列车工业设计基础知识 ·· 35

  2.1 技术要素 ··· 39

    2.1.1 轨道列车的主要构成 ·· 39

    2.1.2 轨道列车设计常用标准 ··· 46

    2.1.3 车体材料和成型特点 ·· 52

    2.1.4 气动外形 ·· 58

  2.2 人因要素 ··· 64

    2.2.1 轨道交通系统的人因要素 ·· 66

- 2.2.2 轨道列车工业设计中的人因问题 …… 68
- 2.2.3 轨道列车使用者群体基本人机尺寸 …… 69

2.3 美学要素 …… 71
- 2.3.1 比例与尺度 …… 72
- 2.3.2 均衡与稳定 …… 75
- 2.3.3 统一与变化 …… 81
- 2.3.4 过渡与呼应 …… 86

2.4 文化要素 …… 87
- 2.4.1 文化概念 …… 87
- 2.4.2 文化与设计 …… 88
- 2.4.3 地域文化构成因子 …… 88

参考文献 …… 90

第3章 轨道列车工业设计技术 …… 95

3.1 计算机辅助设计与评估工具 …… 95
3.2 外观设计技术 …… 96
- 3.2.1 造型设计 …… 96
- 3.2.2 涂装设计 …… 100

3.3 内室设计技术 …… 104
- 3.3.1 司机室车内驾驶界面设计 …… 104
- 3.3.2 旅客界面设计 …… 105

3.4 通用车厢设计 …… 106

参考文献 …… 118

第4章 轨道列车设计程序与方法 …… 121

4.1 轨道列车设计方法 …… 121
- 4.1.1 设计程序 …… 121
- 4.1.2 实施程序 …… 123
- 4.1.3 案例 …… 134
- 4.1.4 总结 …… 139

4.2　具有地域文化的轨道列车设计方法 ………………………………… 141
　4.2.1　地域文化元素的提取和转换方法 ……………………… 142
　4.2.2　地域文化元素的提取和转换策略 ……………………… 143
　4.2.3　具有地域文化的轨道列车设计流程 …………………… 144
　4.2.4　案例 …………………………………………………… 146
参考文献 ……………………………………………………………………… 149

第5章　轨道列车设计案例 ………………………………………………… 152

5.1　铁路机车 ……………………………………………………………… 152
5.2　高速列车 ……………………………………………………………… 157
5.3　地铁列车 ……………………………………………………………… 162
5.4　轻轨列车 ……………………………………………………………… 177
5.5　单轨列车 ……………………………………………………………… 181
5.6　有轨电车 ……………………………………………………………… 182

后记 …………………………………………………………………………… 188

Chapter 1

第 1 章　概述

载运工具（Vehicle）通常简称载具或车辆，是指用来载人装物的可移动机构，包括马车、自行车、摩托车、汽车、公交车、轨道列车、轮船、飞机和航天飞船等许多类型[1]。轨道交通（Rail Transport）是一种利用载运工具在固定轨道上运行来实现载人装物的运输方式，轨道列车（Rail Vehicles）是其核心装备之一[2-3]。轨道列车从无到有，从简单到复杂，从低速到超高速的发展历程，诠释了人类在追求速度和效率的过程中所体现出的智慧。

1.1　轨道列车的起源

最初，人类搬运物件完全是依靠手提肩扛，耗时费力；后来，在劳动中人类发现将重物放置于一定数量的滚木上或木板上进行拖行或推移会更加省力，并由此逐渐演变出了轮子和车子，如图 1-1 所示[4-5]。公元前 600 年左右，古希腊的城邦制使得人口聚居，大量的人力车和畜力车长期运行，在道路上留下了两条车辙，沿着车辙行车会更加高效；考古发现意大利的庞贝古城就有一条和现代铁路一样宽的石道，其宽度就是当时战车的轮距：4ft 8½（1435mm），这也是国际铁路协会在 1937 年制定并沿用至今的标准轨距尺寸，因此普遍认为轨道由石道演化发展而来，轨道车辆由人力或畜力带动并主要运行于这些石道上的载具发展而来[6-8]。

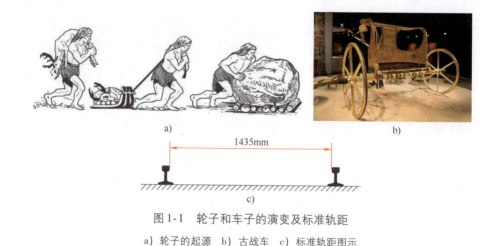

图 1-1 轮子和车子的演变及标准轨距

a）轮子的起源　b）古战车　c）标准轨距图示

1.2 轨道列车的发展

轨道的发展经历了从石道（Grooves in Limestone）→木轨道（Wooden Rails）→金属轨道（Metal Rails）→虚拟轨道（Virtual Tracks）这一漫长的演变发展过程，其对应的载具也经历了相应的改进与变化。

1.2.1 早期的轨道专用载具

15 世纪 50 年代，为方便矿车进出矿井，使用木轨的载具开始出现，并很快在欧洲流行起来。随着技术的发展和成本的降低，17 世纪 60 年代晚期，铸铁板开始被铺设在木轨上面以延缓轮轨间的磨损，真正的"铁路（Railway）"由此诞生。图 1-2 所示为世界上早期依靠人力或畜力拉行的轨道专用载具[8]。

图 1-2 早期轨道专用载具

a）早期的木轨载具　b）早期的铁轨载具

1.2.2 铁路机车

1. 蒸汽机车

1765—1790 年间,瓦特(James Watt)改进发明了高效率蒸汽机,并将世界带入蒸汽机时代。在轨道专用载具方面,英国工程师特雷维希克(Richard Trevithick)于 19 世纪初建造了世界首台铁路蒸汽机车(Railway Steam Locomotive);1814—1830 年间,斯蒂芬森(George Stephenson)主持建造了多型适用于商用的蒸汽机车,进一步改进和推动了蒸汽机车的发展[8];我国于 1881 年试制成功了第一台蒸汽机车[9]。世界上早期的部分蒸汽机车如图 1-3 所示。

图 1-3　世界上早期的部分蒸汽机车

蒸汽机车的优点是结构相对比较简单,制造成本相对较低,使用年限长,驾驶和维修技术较易掌握,对燃料的要求不高;主要缺点是对环境污染较大,作业环境恶劣,热效率低并限制了机车功率和速度的进一步提升[10]。蒸汽机车在我国铁路行业曾获得较大的发展和广泛应用,并形成了以"解放""胜利""前进""建设""跃进""人民"等型号机车为代表的我国蒸汽机车产品线[9],如图 1-4 所示。

2. 内燃机车

1859 年,法国工程师勒努瓦(Lenuwa)制造出了第一台可实际使用的内燃

图 1-4 我国的蒸汽机车

a)"解放"货运蒸汽机车 b)"胜利"客运蒸汽机车 c)"前进"货运蒸汽机车
d)"建设"通用蒸汽机车 e)"跃进"工矿蒸汽机车 f)"人民"客运蒸汽机车

机。1958 年，大连机车车辆工厂试制成功我国第一台电传动内燃机车"巨龙"号。世界上早期的内燃机车如图 1-5 所示[9-10]。

图 1-5 世界上早期的内燃机车

与蒸汽机车相比，内燃机车的优点是加速快、马力大，作业环境显著改善，热效率显著提高并有助于节省燃油，对环境的污染减少；缺点是机车构造更复杂，制造、维修和运营费用增大[10]。我国先后研制出了以"东方红""东风"两种系列机车为代表的内燃机车产品线，见表 1-1。现在仅有极少数的内燃机车还在我国一些偏远地区使用。

表 1-1 我国部分"东方红""东风"及其他内燃机车产品

东方红	1 型	2 型	3 型	4 型	5 型
	6 型	7 型	21 型	5C 型	5B 型
东风	1 型	2 型	4 型	4B 型	4BD 型
	4CK 型	4DD 型	4DF 型	4DK 型	4E 型
	5 型	5D 型	6 型	7 型	7C3 型

(续)

东风	7D 型	7F 型	8 型	8B 型	8DJ 型
	9 型	10 型	10D 型	10F 型	11 型
	11G 型	11Z 型	12 型	21 型	
其他	巨龙型	建设型	先进型	卫星型	飞龙型
	长征 1 型	长征 2 型	北京 1 型	北京 2 型	NZJ2 型

3. 电力机车

电力机车（Electric Locomotives）的诞生早于内燃机车。19 世纪 30 年代末期，苏格兰化学家戴维森（Robert Davidson）建造了世界首台电力机车，随后电力机车逐渐在德国、英国、澳大利亚和美国等地得到应用和推广，世界上早期的电力机车如图 1-6 所示[8]。

图 1-6　世界上早期的电力机车

电力机车的优点是热效率比蒸汽机车高一倍以上，起动快、速度高、善于爬坡；可以制成大功率机车，运输能力大，运营费用低；电力机车不用水，不污染空气，乘务员的工作环境好，运行噪声小，便于多机牵引。缺点是需要建设一套完整的供电系统，在基建投资上要比采用蒸汽机车或内燃机车大很多[10]。我国先后研制出了以"韶山""和谐"（部分型号已更新为"复兴"）机车为代表的电力机车产品线[9]，见表 1-2。

1.2.3　高速列车

高速铁路（High-Speed Railways，HSRs）是由基础设施、高速列车、通信信号、牵引供电、运营调度、旅客服务等子系统构成的复杂铁路系统[11]，能够提供高效、高舒适度、高安全性、高可靠度、高洁净度的交通运输大通道，是 21 世纪最富吸引力的一种旅客运输方式[12]。在不同年代、不同国家和地区，其定义也有所差别：1970 年，日本第 71 号法令规定列车在主要区间以 200km/h 及以上速度运行即为高速铁路[11,13]；1985 年，联合国欧洲经济委员会（United Nations Economic Commission for Europe，UNECE）规定客运专线运行速度 300km/h 及以上，客货混线 250km/h 及以上为高速铁路[11,13]；1996 年，国际铁路联盟（International Union of Railways，UIC）96/48/EC 指令[14]规定新线运行速度 250km/h 及以上，既有改造线运行速度 200km/h 及以上为高速铁路；2002 年，刘万明[15]研究指出，高速铁路应该是指最高行驶速度在 200km/h 以上，

表 1-2 我国部分"韶山""和谐"电力机车产品

韶山	 1 型	 3 型	 3B 型	 4 型	 4B 型
	 5 型	 6 型	 6B 型	 7 型	 7B 型
	 7D 型	 7E 型	 7E 型（模块化）	 8 型	 9 型
和谐（复兴）	 D1B 型	 D1D 型	 D2 型	 D3C 型	 D3D 型
	 D1G 型	 D2D 型	 D2G 型	 D3D 型	 D3G 型

8

旅行速度超过150km/h的铁路系统；目前，我国一般认为运行速度200km/h以上的轮轨系统即为高速铁路[16]。

高速列车（High-Speed Trains，HSTs）是集机械制造、自动控制、电气技术、电子技术和工业设计等多学科知识于一体的高科技工业产品，也是高速铁路的核心技术装备和实现载体，一般由车体、转向架、车辆连接装置、制动装置、车辆内部设备、牵引传动系统和辅助供电系统等组成，可分为动力分散型和动力集中型、独立式（转向架）和铰接式（转向架）等多种类型[11]。广义的高速列车包括高速动车组[17-20]、高速磁浮列车[21-24]和真空管道高速列车[25-26]，而高速动车组是目前世界上商业运营使用最为广泛的载客列车。

从1964年10月日本开通东京到大阪第一条高速铁路至今，高速铁路已经历了50余年的发展，世界上逐步形成了以日本新干线N系和E系、法国TGV、德国ICE为代表的高速列车技术[16,27-30]。我国从20世纪90年代开始开发高速机车车辆，研究高速铁路建设标准和运营技术[12]，10多年来，我国高速铁路经历了对部分已有线路的200~250km/h提速改造，新建250km/h线路，新建350km/h线路三个发展阶段[31]，作为高速铁路核心装备的高速列车也经历了引进、消化吸收到自主创新的过程，并取得了一系列技术创新成果[32]。特别是近十余年来，通过实施"中国高速列车自主创新联合行动计划"和"十一五"国家科技支撑计划项目，我国高速铁路技术发展创新已经进入一个崭新的阶段；具有自主知识产权的CRH380AL、350km/h级中国标准动车组列车CR400AF和CR400BF的研制成功，更是使我国高速列车技术跻身世界高速列车的先进行列[16]。世界上主要的高速列车产品见表1-3[10]。

表1-3 世界上主要的高速列车产品

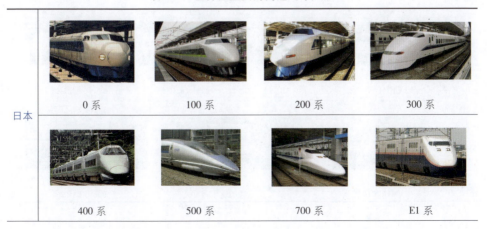

日本	0系	100系	200系	300系
	400系	500系	700系	E1系

(续)

日本、法国和德国的高速列车设计特点可概括如下：日本各型高速列车的流线型头部长度普遍较长，采用了生物仿生和空气动力学设计技术，外观造型较为复杂，涂装以灰、白颜色为主，装饰色带狭小，彩度和明度较低；德国各型高速列车的流线型头部长度普遍较短，外观造型较为简洁，车体色彩以白色或灰色为主，辅以红色色带，颜色一般不超过三种；法国各型高速列车的头部仍为流线型，外观造型偏向简洁，车体设计大胆前卫，造型张扬，色彩鲜艳，多采用纯度较高、色彩艳丽的蓝色、红色和橙黄色。

1.2.4 城市轨道列车

城市轨道交通是城市公共交通的重要组成部分，包括市域快速轨道系统、地铁系统、轻轨系统、现代有轨电车系统、磁浮系统、单轨系统（跨座式和悬挂式）、自动导向轨道系统，共7种类型，号称"城市交通的主动脉"[33-34]。城市轨道交通具有运量大、效率高、能耗低、安全舒适、乘坐方便和占地少等特点，是解决城市交通拥堵问题的重要途径[35]。在7种类型的城市轨道交通系统中，市域快速轨道交通系统既可采用速度在120~160km/h的地铁车辆或专用车辆，也可采用中低速磁浮列车[33,36]，因此该系统所采用的列车未有专门规定。

1. 地铁列车

地下铁道，简称地铁（Subway、Metro、Underground）。世界上首条地铁系统是在1863年开通的伦敦大都会铁路，是为了解决当时伦敦的交通堵塞问题而建；当时电力尚未普及，所以即使是地下铁路也只能用蒸汽机车。我国第一条地铁线路始建于1965年7月1日，1969年10月1日建成通车，北京成为我国第一个拥有地铁的城市[10,37-38]。在我国，地铁列车分为A型和B1型、B2型共两类三种[33]。世界上主要的地铁列车见表1-4[39-43]。

表1-4 世界上主要的地铁列车

西门子			
	纽伦堡地铁	索菲亚地铁	巴生谷地铁

(续)

西门子	 华沙地铁 2 号线 奥斯陆地铁	 慕尼黑地铁  维也纳地铁	 利雅得地铁  曼谷地铁绿线
阿尔斯通	 利马地铁	 巴黎地铁 MF2000 型列车	 汉堡地铁 DT5 型列车
庞巴迪	 MOVIA 型列车	 MOVIA C951 型列车	 MOVIA C30 型列车
日立铁路	 巴尔的摩地铁	 福塔雷萨地铁	 迈阿密地铁
	 米兰地铁	 热那亚地铁	

(续)

中国	 上海3号线A型列车	 北京地铁8号线B1型列车	 南京地铁4号线B2型列车

2. 轻轨列车

1978年3月,国际公共交通联合会在布鲁塞尔召开的会议上确定了轻轨交通的统一名称,英文为 Light Rail Transit,简称 LRT[44]。我国轻轨列车分为4轴、6轴和8轴及高地板或低地板共三类六种车型[33,45],目前仅见6轴高地板实车[46],而大连快轨3号线4轴高地板轻轨列车[47](见图1-7)的各项参数和外观均类似于B型地铁列车,长春Q6W型轻轨列车[48](见图1-7)的各项参数和外观均类似于有轨电车,因此将高地板4轴轻轨列车划归于地铁范畴,将低地板4轴轻轨列车、6轴和8轴轻轨列车全部划归于有轨电车的建议具有很强的现实意义[49]。

a) b)

图1-7 我国的轻轨列车

a) 大连快轨3号线轻轨列车 b) 长春Q6W型轻轨列车

3. 现代有轨电车

现代有轨电车(Modern Trams),国内也称轻轨电车,是一种中等运能、设计新颖、环境友好、资源节约的交通运输工具,是在传统有轨电车的基础上全面改造升级的一种先进的公共交通方式[50]。一般认为,现代有轨电车系统由20世纪70年代对旧式有轨电车系统的技术改造升级发展而来。现代有轨电车车体长度灵活,主要走行于市内地面专用轨道之上,注重外观与城市环境相协调的一种轻轨系统。有轨电车分为单厢或铰接式有轨电车（钢轮钢轨式）和导轨式胶轮电车（胶轮导轨式有轨电车）两类[33,51]，从显著影响有轨电车外观造型的角度还可将钢轮钢轨式有轨电车划分为单车型、浮车型、铰接型和组合型（单浮组合、单铰组合）四种[52-53]，100%低地板现代有轨电车是发展趋势。

目前，世界上主要的有轨电车有西门子公司的 Combino、Avanto、ULF 系列车型，阿尔斯通公司的 Citadis、Konstal 系列车型，庞巴迪公司的 Incentro、Flexity、Cobra、Variotram 系列车型，安萨多伯瑞德公司的 Sirio 系列车型，斯柯达公司和 PESA 公司的系列车型等。世界上主要的有轨电车产品见表 1-5[54]。

表 1-5 世界上主要的有轨电车产品

（续）

阿尔斯通	 格勒诺布尔 Citadis 402 型	 巴黎 Citadis 402 型	 Citadis 403 型
庞巴迪	 Cobra 型	 NGT D12DD 型	 柏林 Flexity 型
	 Flexity Outlook Eurotram 型	 Flexity Outlook 城市奔跑者	 马赛 Flexity Outlook 型
安萨多伯瑞德	 哥德堡 Sirio 型	 贝加莫 Sirio 型	 米兰 Sirio 型
	 萨萨里 Sirio 型	 开塞利 Sirio	 雅典 Sirio 型
PESA	 PESA 120N 型	 PESA 121N 型	 PESA 122N 型

(续)

斯柯达	03 T 型	06 T 型	10 T 型
	13 T 型	15 T 型	16 T 型
其他	大连 DL6W 型	成都有轨电车	俄罗斯有轨电车 Russia One 型

4. 磁浮列车

磁悬浮列车简称磁浮列车,它通过电磁力实现列车与轨道之间的悬浮和导向,以及列车的推进。磁浮列车按速度可分为高速磁浮列车(最高运行速度不应低于400km/h)和中低速磁浮列车(最高运行速度120km/h)两类[33,55-57],从显著影响磁浮列车外观造型的角度还可分为电磁悬浮(Electromagnetic Suspension,EMS)和电动悬浮(Electro Dynamic Suspension,EDS)列车两类[58],世界上主要的磁浮列车产品见表1-6。

表1-6 世界上主要的磁浮列车产品

中国				
	长沙磁浮快线	北京 S1 线 	上海磁浮线	600km/h 样车 

(续)

其他	 日本爱知县磁浮列车	 韩国仁川机场磁浮列车	 英国伯明翰磁悬浮列车（线路已拆除）

5. 单轨列车

按照车厢处于轨道梁上下位置的不同，单轨列车（Monorail Vehicles）可分为跨坐式（Straddle Monorail）和悬挂式（Suspension Monorail）两类[33]，而悬挂式单轨列车还可以根据外观的不同进一步划分为非对称钢轮钢轨型、"工"字轨道梁悬挂型、非对称悬挂胶轮型、对称悬挂胶轮型（SAFEGE 型）四种[59]。世界上主要的单轨列车产品见表 1-7。

表 1-7　世界上主要的单轨列车产品

悬挂式	 德国伍珀塔尔单轨列车	 德国杜塞尔多夫单轨列车	 日本千叶单轨列车
	 日本上野单轨列车	 日本千叶 URBAN FLYER 0 型单轨列车	 日本湘南 500 型单轨列车
跨坐式	 圣保罗 15 号线单轨列车	 莫斯科单轨铁路列车	 美国迪士尼乐园 Mark Ⅶ 型单轨列车

(续)

跨坐式	 日本10000型单轨列车	 日本1000型单轨列车	 日本2000型单轨列车
	 吉隆坡单轨列车	 圣淘沙捷运单轨列车	 孟买单轨列车
	 重庆3号线单轨列车	 重庆2号线单轨列车	 深圳欢乐干线单轨列车

6. 自动导向轨道列车

自动导向轨道交通（Automated Guided Transit，AGT）是一种以无人驾驶胶轮电动车辆为主导的，在配有运行道与导向轨的专用线路上全自动运行的城市轨道交通系统制式，包括中央导向和两侧导向两类列车，通常由一节或多节车辆组成[60-61]。目前国内外对自动导向轨道交通的称呼不太统一，如我国天津滨海的胶轮导轨式有轨电车、VAL（Véhiculer Automatique Léger）系列列车、自动旅客捷运（Automated People Mover，APM）系统等所采用的列车均属于自动导向轨道交通范畴。世界上主要的自动导向轨道列车产品见表1-8[62-63]。

表1-8 世界上主要的自动导向轨道列车产品

天津滨海有轨电车	 VAL256列车	上海APM列车	 600km/h样车

(续)

| 日本札幌导轨电车 | 巴黎地铁 6 号线列车 | VAL208 列车 | City VAL 列车 |

1.2.5 前沿性轨道列车

1. 虚拟轨道列车

为了进一步解决城市拥堵问题，西南交通大学将城市轨道交通运营模式与先进汽车技术进行整合，于 2016 年公开提出了一种全新的基于虚拟轨道的自导向有轨电车系统；该系统不铺设物料轨道，采用电磁导航及视觉导航等自动导航技术，使列车能够沿预设的虚拟轨道自动行驶[64]。基于虚拟轨道的自导向有轨电车系统的提出，颠覆了传统轨道系统的构成，首次利用虚拟轨道来约束和引导列车，摆脱了传统铁轨的束缚，是轨道交通领域的一次重要突破和革新。基于该理念，中车株洲电力机车有限公司于 2017 年 6 月研制成功了"智能轨道快运系统（Autonomous rail Rapid Transit，ART）"，简称"智轨"，建造了 30 多米长的全球首列虚拟轨道列车，并能够在既定虚拟轨道上实现智能运行[65]，如图 1-8 所示。虚拟轨道列车是一种新型城市轨道列车，本质上是一种基于虚拟轨道的有轨电车[66]。

a)   b)

图 1-8 虚拟轨道列车
a) 全球首列虚拟轨道列车外观 b) 全球首列虚拟轨道列车内室

2. 真空管道列车

真空管道列车是专门应用于真空管道运输（Evacuated Tube Transportation，

ETT）系统的载运工具，是一种利用磁浮原理运行在抽成一定真空状态的密闭管道中的列车（车辆）[67]。由于低（无）机械阻力和空气阻力的制约，也不受气候条件的影响，因此真空管道列车的速度可以达到 1000km/h 以上，甚至可达 4000km/h 乃至 6400km/h[25,67-70]，是人类在追逐更高速度过程中出现的又一种革命性的交通运输方式。

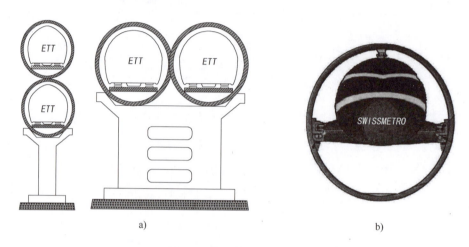

图 1-9　真空管道运输系统

a）ETT 系统　b）Swissmetro 系统

目前，真空管道运输系统主要有两种[71-72]：以美国为代表的 ETT 系统和以瑞士为代表的 Swissmetro 系统，如图 1-9 所示。世界上还没有投入商业运营的真空管道运输系统，图 1-10 所示是一些著名的真空管道列车设计方案[26,68-74]。

图 1-10　真空管道列车

a）美国 Hyper Chariot 的 The Velocitator

b)

c)

d)

e)

图 1-10 真空管道列车（续）

b) 美国 Hyperloop One 的 XP-1　c) 西班牙 Hyperloop TT 的 Quintero One

d) 中国航天科工集团的 T-FLIGHT

e) 西南交通大学搭建的全球首个真空管超高速磁浮列车原型测试平台

真空管道列车由于具备了高速、磁浮、真空管道运行等特征，因此又被称呼为真空管道高速飞行列车、高速胶囊列车、超级高铁等。

3. 卫生列车

卫生列车（Medical Train）又称为医院列车（Hospital Train），是配置医疗设施设备和医务人员，提供医疗服务的专用列车，可对后送伤病员实施救治、护理并提供生活保障，主要分为特制和临时改造两类[75-77]。特制卫生列车包括有办公指挥、病房（含轻重伤员病房）、手术诊疗、就餐、勤务人员就寝、库房行李、发电等车厢，各车厢按卫勤需要，装备医疗器械、护理器具、药材、通信器材等；临时改造卫生列车除手术诊疗车为特制专业技术车厢外，其他车厢由客车、餐车等车厢临时编配。

卫生列车平时通常用于抢险救灾和医疗服务，战时适用于战役战略后方转运、后送伤病员。从19世纪50年代克里米亚战争首次使用后，卫生列车在第二次世界大战期间广泛应用于各大战场，我国也实施了改装普通列车为卫生列车，并用于抗美援朝战争、对越自卫反击战和唐山地震、汶川地震等重大自然灾害，在挽救伤病员生命，提高救治效果方面发挥了重要作用[76-77]。

目前处于运行状态的卫生列车有中华健康快车[78]、中老"和平列车"[79]和印度的健康快车（Lifeline Express）等，部分卫生列车如图1-11所示。

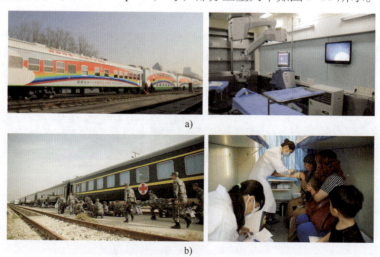

a)

b)

图1-11 我国的卫生列车

a) 中华健康快车 b) 中老"和平列车"

以上运行的卫生列车均基于普通列车开发，利用高速动车组列车研发卫生列车仅见西南交通大学联合中国人民解放军西部战区总医院进行的可行性报道[77,80-81]。普通列车存在振动大、空气差、空间利用率低、噪声较大、电磁干扰、乘坐不舒适等固有的诸多缺点，制约了国内外卫生列车的综合水平，影响了车载医疗设备的正常使用，限制了开展医疗救治的范围，不利于转运伤病员救治和康复[82]。然而，采用高新技术理念设计、新型材料工艺制造的高速动车组车厢具备速度快（运营速度可达350km/h）、空间利用率高、噪声小、运行平顺、车体密封性好、电磁屏蔽性能强等优点，是研制未来高水平卫生列车的最优可选平台。以我国综合最先进的350km/h中国标准高速动车组为平台，采用人-机-环境理论和数字化模拟技术，开展高速动车组卫生列车外观涂装设计、各车厢功能布局及详细方案设计研究，完成高速动车组卫生列车技术方案及未来的列车改装制造，对提升战争和非战争军事行动卫勤保障能力具有非常迫切和重要的意义，并且基于中国标准动车组改装制造卫生列车的基础设计方案研究已经被列为2019年度军队后勤开放研究项目[83]。

1.3 轨道列车工业设计

1.3.1 工业设计概述

工业设计（Industrial Design，ID）的定义随着社会的进步和发展而发生着变化。1959年，国际工业设计协会（International Council of Societies of Industrial Design，ICSID）首次从工业设计师的定义解读了什么是工业设计，即设计师凭借训练、技术知识、经验和视觉感受，通过设计来确定批量生产的工业产品的材料、结构、形态、色彩、表面处理工艺及装饰；随后国际工业设计协会又对工业设计师的作用进行了修订，进一步将工业设计的对象从原来的产品（物件）（Objects）扩大到产品和服务（Services），并指出通过设计这些对象应令人们的生活变得高效而满意。1969年，Maldonado T. 明确提出了工业设计是一种确定工业产品形式属性的创造性活动，并指出工业设计已经延伸到了受到工业生产限制的人类环境的方方面面。2015年10月，国际工业设计协会更名为国际设计组织（World Design Organization，WDO），并宣布了最新定义：工业设计是一种通过设计创新性产品、系统、服务和体验来驱动创新、促发商业成功，并造就更加美好生活的战略性问题的解决过程[84-86]。简而言之，广义的工业设计包含了所有使用现代化手段对产品（侧重物质类）、系统（物质类和非物质类）、服务和体验（侧重非物质类）进行设计的过程，具体包括产品设计、视觉传达设计、环境艺术设计等相关现代设计；狭义的工业设计则指产品设计，是一门科学技术与人文艺术紧密结合的学科[86-87]，2012 年我国教育部将其学科门类划归于工学[88]。同时，工业设计的内涵和外延均在不断地拓展，我国教育部最新的《学位授予和人才培养学科目录（2011 年 3 月首次发文，2018 年 4 月更新）》[89-90]将艺术学列为第 13 个学科，并新增设计学[91-92]为一级学科，规定可授艺术学、工学学位，因此工业设计也被我国有的高校设置为设计学下属的一个研究方向或专业。

1.3.2　轨道列车与工业设计

工业设计的核心是将社会文化要素导入工业生产体系，对工业产品的功能、结构、流程、外观、原型等进行整合优化，形成兼具功能属性与文化属性的现代工业产品，其发展已被 20 多个国家纳入国家战略[93]。轨道列车的工业设计是要基于既有技术或前瞻性技术，从人-车-环境系统的角度，对车体外观造型、车体涂装、内室环境、座椅、照明、材料质感，以及一切和驾乘人员有关的物件或相关环境进行研究，使其更加符合人的安全、舒适、宜人、审美、文化认同等综合需求。

日本、德国、法国和中国是目前世界上轨道列车发展水平最高的几个国家，各自研发了一系列先进的自成体系的轨道列车。由于在研发时较为重视工业设计，而且列车通常是委托专门的工业设计公司进行外观和内饰设计，因此这些国家的轨道列车产品在外观、驾驶界面和旅客界面方面的美观性、操作性、舒适性、宜人性、无障碍设计等方面均处于世界领先水平。

1.3.3　世界主要的轨道列车工业设计机构

目前，世界上专门从事轨道列车工业设计的公司主要有法国的阿尔斯通公司和 MBD 设计公司，英国的 PG 设计公司，德车的 N＋P 工业设计公司、日本的 GK 设计集团公司，我国的西南交通大学人机环境系统设计研究所[10]：

（1）阿尔斯通公司（http://www.alstom.com/）　阿尔斯通公司是当今世界

铁路设备主要供应商之一,总部位于法国巴黎,主要业务为轨道车辆设计与制造。该公司参与设计了诸如法国 AGV 高速列车、城市区域列车、铁路基础设施等大量法国的设计项目。图 1-12 所示为阿尔斯通公司设计的部分轨道列车。

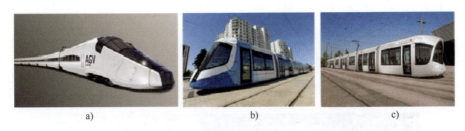

图 1-12 阿尔斯通公司设计的部分轨道列车

a) AGV 高速列车 b) 阿尔及尔有轨电车 c) 里昂有轨电车

(2) MBD 设计公司 (http://www.mbd-design.fr/lg_fr/home/index.php) MBD 设计公司创建于 1972 年,也是法国的一家知名设计公司。该公司设计的高速列车、长途列车、地铁列车、有轨电车、轻轨列车等遍及世界各地,其中包括法国高速列车 TGV,韩国高速列车 KTX-Ⅱ,新加坡、上海、南京、杭州、孟买的地铁,以及法国马赛市和兰斯市的有轨电车等。图 1-13 所示为 PG 设计

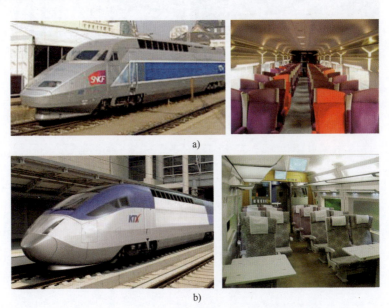

图 1-13 MBD 设计公司设计的部分轨道列车

a) 法国 TGV 高速列车 b) 韩国 KTX-Ⅱ 高速列车

公司设计的部分轨道列车。

（3）PG 设计公司（http://www.priestmangoode.com/） PG（Priestman Goode）是一家英国设计公司，是由设计师 Paul Priestman 和 Nicky Goode 于 1988 年创立的。PG 设计公司坚持"设计不应纯粹追求风格，而应令产品和服务变得更好"的设计理念，为客户提供多元化的专业设计，设计范围涵盖从小型的工业产品到机舱内部设计、列车设计等，其客户名单也不乏日立、空客、路虎等知名公司。图 1-14 所示为 PG 设计公司设计的部分轨道列车。

图 1-14　PG 设计公司设计的部分轨道列车
a）英国维珍列车　b）英国"水星号"未来高速列车

（4）N+P 工业设计公司（http://www.np-id.com/） N+P Industrial Design 是德国著名的设计公司之一，其前身是 Neumeister Design 设计公司，由德国著名的工业设计师 Alexander Neumeister 创建，其设计作品包括磁悬浮列车、德国高速列车 ICE、日本新干线高速列车 500 系，以及许多地域性列车。2000 年，Neumeister 成立 Neumeister + Parter 工业设计公司。图 1-15 所示为 N+P 工业设计公司设计的部分轨道列车。

（5）GK 设计集团公司（http://www.gk-design.co.jp/） GK 设计集团公司

图 1-15 N + P 工业设计公司设计的部分轨道列车

a）德国 ICE-T 高速列车 b）日本 500 系高速列车 c）巴西圣保罗地铁

成立于第二次世界大战战后百废待举的东京，一群东京艺术大学的学生发现工业设计在战后日本的重要性，于是在学校里组织了工业设计学会，后改名为 Group of Koike，简称 GK。图 1-16 所示为 GK 设计集团公司设计的部分作品。

图 1-16 GK 设计集团公司设计的部分作品

（6）西南交通大学人机环境系统设计研究所（http://www.hesdesign.cn/） 为了服务于我国高速发展的轨道交通装备行业，西南交通大学工业设计系徐伯初和支锦亦教授于 2009 年组建了我国首个专门从事轨道交通装备工业设计的研究机构——西南交通大学人机环境系统设计研究所。该研究所挂靠于轨道交通国家实验室（筹），团队成员跨越工业设计、人机工程、用户心理、市场营销等多学科领域。目前已经为中国中车设计了大量的各型轨道列车方案,并有近 20 余项方案投产,部分方案如图 1-17 所示。

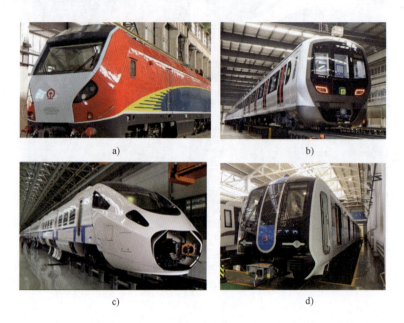

图 1-17　西南交通大学人机环境系统设计研究所设计的部分轨道列车
a) D2G 型电力机车　b) 石家庄 1 号线地铁列车　c) CJ-1 城际动车组列车
d) 上海 9 号线地铁列车

参 考 文 献

[1] Dict. Eudic. Net. Road Vehicle [EB/OL]. [2019-09-25]. http://dict.eudic.net/dicts/cg/Road_vehicle.html.

[2] Dict. eudic. net. Railway System [EB/OL]. [2019-09-25]. http://dict.eudic.net/dicts/en/Railway_system.html.

[3] Dict. eudic. net. Rail Vehicle [EB/OL]. [2019-09-25]. http://dict.eudic.net/dicts/en/rail%20vehicle.

[4] 柳冠中,李永春. 轮子与设计 [J]. 新美术,2006,27 (2):96-102.

[5] 龚缨晏. 车子的演进与传播——兼论中国古代马车的起源问题 [J]. 浙江大学学报(人文社会科学版),2003,33 (3):21-30.

[6] 严隽耄,傅茂海. 车辆工程 [M]. 3 版. 北京:中国铁道出版社,2008.

[7] 赵怀瑞. 城市轨道交通车辆 [EB/OL]. [2019-09-25]. http://www.docin.com/p-169825621.

html.

[8] Wikipedia. Rail transport [EB/OL]. [2019-09-25]. https://en.wikipedia.org/wiki/Rail_transport#Ancient_systems.

[9] 华民. 中国铁路火车机车发展史 [EB/OL]. (2015-05-20) [2019-09-25]. http://www.360doc.com/content/15/0520/08/642066_471866002.shtml.

[10] 徐伯初,李洋,等. 轨道交通车辆造型设计 [M]. 北京:科学出版社,2012.

[11] 李学伟. 高速铁路概论 [M]. 北京:中国铁道出版社,2010.

[12] 沈志云. 关于高速铁路及高速列车的研究 [J]. 振动、测试与诊断,1998,18 (1):1-7.

[13] 谢贤良. 世界高速铁路现状及其社会经济效益 [J]. 中国铁路,2003 (11),60-64.

[14] Commission of the European Communities (CEC). Council Directive 96/48/EC of 23 July 1996 on the interoperability of the trans-European high-speed rail system [S]. Brussels: Official Journal of the European Communities, 1996.

[15] 刘万明. 我国高速铁路客运专线主要技术经济问题研究 [D]. 成都:西南交通大学,2002.

[16] 中华人民共和国科学技术部. 关于印发高速列车科技发展"十二五"专项规划的通知 [EB/OL]. (2012-04-01) [2019-09-25]. http://www.most.gov.cn/tztg/201204/t20120418_93729.htm.

[17] KURZ H. ICE 3 and ICE-T——德国铁路新一代动车组 [J]. 变法技术与电力牵引,2001 (1):28-33.

[18] 李蒂,安琪. 国内外高速动车组的发展 [J]. 电力机车与城轨车辆,2007,30 (5):1-5.

[19] 张卫华,缪炳荣. 下一代高速列车关键技术的发展趋势与展望 [J]. 机车电传动,2018 (1):1-5,12.

[20] 缪炳荣,张卫华,池茂儒,等. 下一代高速列车关键技术特征分析及展望 [J]. 铁道学报,2019,41 (3):58-70.

[21] TANIGUCHI M. High speed rail in Japan: a review and evaluation of magnetic levitation trains [R]. Berkeley: The University of California Transportation Center, 1992.

[22] 沈志云. 高速磁浮列车对轨道的动力作用及其与轮轨高速铁路的比较 [J]. 交通运输工程学报,2001,1 (1):1-6.

[23] VUKAN R, JEFFREY M. An evaluation of maglev technology and its comparison with high speed rail [J]. Transportation Quarterly, 2002, 56 (2): 33-49.

[24] CHEN X H, TANG F, HUANG Z Y, et al. High-speed maglev noise impacts on residents: A case study in Shanghai [J]. Transportation Research Part D: Transport and Environment, 2007, 12 (6): 437-448.

[25] 刘加利, 张继业, 张卫华. 真空管道高速列车气动特性分析 [J]. 机械工程学报, 2013, 49 (22): 137-143.

[26] IEEE. A super chute [J]. IEEE Spectrum, 2014, 51 (7): 20-21.

[27] 钱立新. 世界高速列车技术的最新进展 [J]. 中国铁道科学, 2003, 24 (4): 1-11.

[28] GOURVISH T. The high speed rail revolution: history and prospects [R]. Birmingham: HS2 LTD, 2010.

[29] TANIGUCHI M. High speed rail in Japan: a review and evaluation of the Shinkansen train [R]. Berkeley: The University of California Transportation Center, 1992.

[30] BOULEY J. Short history of "high-speed" railway in France before the TGV [J]. Japan Railway and Transport Review, 1994 (10): 49-51.

[31] 何华武. 中国高速铁路创新与发展 [J]. 中国铁路, 2010 (12): 5-8.

[32] 张曙光. 高速列车速度与技术 [J]. 中国铁路, 2010 (12): 17-21.

[33] 中华人民共和国建设部. 城市公共交通分类标准: CJJ/T 114—2007 [S]. 北京: 中国建筑工业出版社, 2007.

[34] 中华人民共和国住房和城乡建设部. 城市轨道交通技术规范: GB 50490—2009 [S]. 北京: 中国建筑工业出版社, 2009.

[35] 翟婉明, 赵春发. 现代轨道交通工程科技前沿与挑战 [J]. 西南交通大学学报, 2016, 51 (2): 209-226.

[36] 中国土木工程学会. 市域快速轨道交通设计规范: T/CCES 2-2017 [S]. 北京: 中国建筑工业出版社, 2017.

[37] 方宇. 城市轨道交通车辆概论 [M]. 北京: 中国铁道出版社, 2012.

[38] 杨建伟, 张元. 城市轨道交通车辆工程 [M]. 北京: 中国铁道出版社, 2015.

[39] SIEMENS. Inspiro-the metro from Siemens [EB/OL]. [2019-09-25]. https://new.siemens.com/global/en/products/mobility/rail-solutions/rolling-stock/metros.html.

[40] ALSTOM. Alstom in Germany [EB/OL]. [2019-09-25]. https://www.alstom.com/alstom-germany.

[41] BOMBARDIER. Transportation [EB/OL]. [2019-09-25]. http://cn.bombardier.com/products_bt_global.htm.

[42] HITACHI. Metro [EB/OL]. [2019-09-25]. http://italy.hitachirail.com/metro_327.html.

[43] RAILWAY TECHNOLOGY. Urban［EB/OL］.［2019-09-25］. https：//www.railway-technology.com/urban/.

[44] 马沂文. 有关城市轨道交通的名词［J］. 科技术语研究，2003，5（4）：40-42.

[45] 全国城市轨道交通标准化技术委员会. 城市轻轨交通铰接车辆通用技术条件：GB/T 23431—2009［S］. 北京：中国标准出版社，2009.

[46] 李骏，曹增明，刘永强. 马来西亚安邦延伸线项目轻轨车辆概述［J］. 电力机车与城轨车辆，2017（3）：23-27.

[47] 孟德有，杨建宇，俞彦军. 大连快轨3号线车辆牵引系统设计［J］. 铁道机车与动车，2017（3）：12-14.

[48] 刘艳辉，陶丽，张思奇，等. Q6W型长春轻轨车辆重联改造技术设计［J］. 电力机车与城轨车辆，2017（6）：38-41.

[49] 于松伟，冯爱军，王燕凯，等. 轻轨交通系统技术标准及其应用研究［J］. 都市快轨交通，2009，22（2）：13-18.

[50] 薛美根，杨立峰，程杰. 现代有轨电车主要特征与国内外发展研究［J］. 城市交通，2008，6（6）：88-91，96.

[51] 战成一，王晓锋. 胶轮导轨有轨电车的组成、性能及特点［J］. 城市轨道交通研究，2014，17（8）：29-30.

[52] BRENNA M，FOIADELLI F，ZANINELLI D. A new concept of a light rail vehicle for city, interurban and subway services［C］//International Symposium on Power Electronics, Electrical Drives, Automation and Motion. IEEE，2006：1063-1067.

[53] 王欢. 100%低地板轻轨车辆结构型式与导向机理研究［D］. 成都：西南交通大学，2008.

[54] WIKIPEDIA. Tram-types［EB/OL］.［2019-09-25］. https：//commons.wikimedia.org/wiki/Tram_%E2%80%93_types.

[55] 中华人民共和国住房和城乡建设部城市轨道交通标准技术归口单位. 高速磁浮交通车辆通用技术条件：CJ/T 367—2011［S］. 北京：中国标准出版社，2011.

[56] 中华人民共和国住房和城乡建设部城市轨道交通标准技术归口单位. 中低速磁浮交通车辆通用技术条件：CJ/T 375—2011［S］. 北京：中国标准出版社，2011.

[57] 中华人民共和国住房和城乡建设部. 中低速磁悬浮交通运行控制技术规范：CJJ/T 255—2017［S］. 北京：中国建筑工业出版社，2017.

[58] 江浩，连级三. 磁悬浮列车在世界上的发展与展望［J］. 铁道学报，1991，13（2）：95-101.

[59] 李苒, 许文超, 安琪. 悬挂式单轨车的发展及其现状 [J]. 机车电传动, 2014 (2): 16-20.

[60] 许文超, 李苒, 黄运华. 城市轻轨车辆走行部技术综述 [J]. 城市轨道交通研究, 2015, 28 (1): 118-122.

[61] 中华人民共和国住房和城乡建设部. 自动导向轨道交通设计标准: CJJ/T 277—2018 [S]. 北京: 中国建筑工业出版社, 2018.

[62] SNCF. 自动化地铁——西门子 VAL 系统 [EB/OL]. [2019-09-25]. https://www.bilibili.com/read/cv3105005/.

[63] 李刚, 李苒. 胶轮路轨系统车辆的发展与运用概况 [J]. 铁道机车车辆, 2013, 33 (5): 53-58.

[64] 韩鹏. 基于虚拟轨道的自导向有轨电车控制策略研究 [D]. 成都: 西南交通大学, 2017.

[65] 薄纯玉. 中国中车成功研发全球首列虚拟轨道列车 [J]. 城市轨道交通, 2017 (2): 38-39.

[66] 韩鹏, 张卫华, 张众华, 等. 基于虚拟轨道有轨电车的服役速度决策控制 [C]//中国力学学会. 第十届全国动力学与控制学术会议论文集, 成都: 西南交通大学, 2016: 199-200.

[67] 周晓. 真空管道运输高速列车空气阻力数值仿真 [D]. 成都: 西南交通大学, 2008.

[68] 韩柏涛, 刘留, 裘陈成, 等. 真空管道高速飞行列车综合承载业务需求分析 [J]. 铁道学报, 2019, 41 (7): 66-76.

[69] 张枭翔. 中国航天科工研究论证高速飞行列车: 最高时速 4000 公里 [EB/OL]. [2019-09-25]. https://www.thepaper.cn/newsDetail_forward_1778712.

[70] Hyper Chariot [EB/OL]. [2019-09-25]. http://www.sohu.com/a/151023339_205510.

[71] 张瑞华, 严陆光, 徐善纲, 等. 一种新的高速磁悬浮列车——瑞士真空管道高速磁悬浮列车方案 [J]. 变流技术与电力牵引, 2004 (1): 44-46.

[72] 张耀平. 真空管道运输——真空产业发展的新机遇 [J]. 真空, 2006, 43 (2): 56-59.

[73] AMANDA KOOSER. Posh Hyperloop capsule prototype looks like a rocket for the ground [EB/OL]. [2019-09-25]. https://www.cnet.com/news/hyperloop-unveils-posh-passenger-capsule-prototype/.

[74] NICK GARZILLI. Hyper chariot-Solar powered tube travel [EB/OL]. [2019-09-25]. https://www.indiegogo.com/projects/hyper-chariot-solar-powered-tube-travel#/.

[75] 陆增祺. 军事医学辞典 [M]. 上海：上海辞书出版社，1997.

[76] 吴凡，李运明，张虎军，等. 基于中国标准动车组的卫生列车编组方式及模块功能研究 [J]. 医疗卫生装备，2016，37（4）：32-34.

[77] 李运明，张虎军，杨波，等. 国内外卫生列车应用现状及高铁卫生列车展望 [J]. 医疗卫生装备，2016，37（6）：118-120.

[78] 铁道少女 project 科普第四十四期健康快车 [EB/OL]. [2019-09-25]. https://www.bilibili.com/read/cv2353475/.

[79] 周娜，陈晓霞，曾理. 我军卫生列车医疗队今日奔赴老挝开展医疗服务活动 [EB/OL]. [2019-09-25]. http://www.81.cn/jlwh/2017-07/21/content_7685219_7.htm.

[80] 王金，支锦亦，向泽锐，等. 我国卫生列车应用现状及研究展望 [J]. 医疗卫生装备，2019，40（4）：93-97.

[81] 谭俊杰，刘彬，吴凡，等. 基于350km/h 中国标准动车组制造卫生列车的信息化模块需求分析及系统框架设计 [J]. 医疗卫生装备，2017（11）：23-26.

[82] 陶军，孙汉军，王亚玲，等. 卫生列车手术车厢环境对医疗工作的影响及对策 [J]. 西南国防医药，2008，18（6）：938-939.

[83] 中国共产党中央军事委员会后勤保障部. 关于申报2019年度军队后勤开放研究项目的通告 [EB/OL]. [2019-09-25]. http://jmjh.miit.gov.cn/newsInfoWebMessage.action?newsId=12864421.

[84] WDO. Industrial design definition history [EB/OL]. [2019-09-25]. http://wdo.org/about/definition/industrial-design-definition-history/.

[85] WDO. Definition of industrial design [EB/OL]. [2019-09-25]. https://wdo.org/about/definition/.

[86] 张磊，葛为民，李玲玲，等. 工业设计定义、范畴、方法及发展趋势综述 [J]. 机械设计，2013，30（8）：97-101.

[87] 向泽锐，徐伯初，支锦亦. 中国高速列车工业设计研究综述与展望 [J]. 铁道学报，2013，35（12）：9-18.

[88] 教育部. 教育部关于印发《普通高等学校本科专业目录（2012年）》《普通高等学校本科专业设置管理规定》等文件的通知 [EB/OL]. [2019-09-25]. http://old.moe.gov.cn/publicfiles/business/htmlfiles/moe/s3882/201210/143152.html.

[89] 学位管理与研究生教育司（国务院学位委员会办公室）. 关于印发《学位授予和人才培养学科目录（2011年）》的通知 [EB/OL]. [2019-09-25]. http://www.moe.gov.cn/srcsite/A22/moe_833/201103/t20110308_116439.html

［90］学位管理与研究生教育司（国务院学位委员会办公室）.学位授予和人才培养学科目录（2018年4月更新）［EB/OL］.［2019-09-25］.http://www.moe.gov.cn/s78/A22/xwb_left/moe_833/201804/t20180419_333655.html.

［91］杭间.中国设计学的发凡［J］.装饰，2018，305（9）：19-22.

［92］方晓风.实践导向，研究驱动——设计学如何确立自己的学科范式［J］.装饰，2018，305（9）：12-18.

［93］魏际刚，李曜坤.从战略高度重视工业设计产业发展［EB/OL］.［2019-09-25］.http://www.drc.gov.cn/n/20180119/1-224-2895409.htm.

Chapter 2

第 2 章 轨道列车工业设计基础知识

轨道列车的工业设计，应重点从技术、美学、人因和文化四个大的方面进行综合考虑，使设计方案既满足相关技术要求，同时又具有美观的外形、舒适宜人的驾乘环境和符合使用人群的文化特征。轨道列车工业设计研究的主要内容涉及四大要素：技术要素、美学要素、人因要素和文化要素，详细构成内容见表2-1。

表 2-1 轨道列车工业设计研究的四大要素及其构成内容

技术要素（Technical Factors）	标准、技术条件（Standards, Specifications and Requirements）
	材料（Materials）
	工艺（Manufacturing Process）
	车体结构（Car Body Structure）
	气动外形（Aerodynamic Shape）
	其他（Others）
美学要素（Aesthetic Factors）	形式美法则（Aesthetic Rules）
	审美心理（Aesthetic Psychological Cognition）
	视觉意向（Visual Intentions）
	其他（Others）
人因要素（Human Factors）	用户的生理特征及限能（Physiological Characteristics and Disabilities of Users）
	用户的心理特征（Psychological Characteristics of Users）
	用户的认知特征（Cognitive Characteristics of Users）
	用户的行为特征（Behavior of Users）
	其他（Others）

(续)

文化要素（Cultural Factors）	地域文化（Regional Culture）
	民族传统（National Tradition）
	民风民俗（Manners and Customs）
	其他（Others）

对比轨道列车工业设计四大要素可以发现：技术要素是轨道列车工业设计的基础，解决的是基本功能问题；美学要素、人因要素和文化要素则属于有益的补充，解决的是人的生理、精神和情感需求问题。四者之间既相互联系，又相互制约，其相互间的耦合关系如图 2-1 所示。分析四者的关系可以得出：好的技术需要用恰当的艺术手段来表现，才能成为符合用户需求的、美观实用的产品；要获得美观实用的产品，艺术的表现又会受到技术方面的制约，所以艺术表现必须要以技术要求为前提。

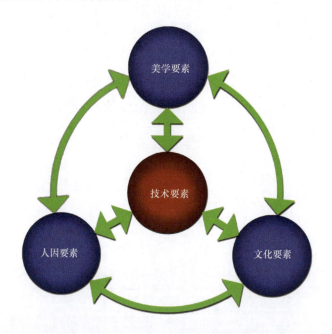

图 2-1　轨道列车工业设计四大要素间的耦合关系

以司机、旅客、检修人员、运维人员、服务人员等为中心的列车设计理论及方法有助于支撑文明社会"人"对载运工具的期望。轨道列车作为公共载运工具，只能在特定地区的特定线路提供服务，又只能在特定的检修车间环境进行检修维护；轨道列车工业设计既受到列车自身系统技术特性（车）的约束，又受到使用者（人）和使用环境（环）的约束。图 2-2 所示是轨道列车"人-车-环"系统设计与评估框架，该框架的提出有助于明确轨道列车工业设计的任务，也即通过研究各类与列车相关的人员的生理特性、心理特性、乘车（作业）任务和行为特点，列车自身的技术特性，列车使用环境的特性，以及三者间可能存在的相互作用特性，分别对各型轨道列车的车内旅客界面、车内驾驶界面、列车检修界面、列车外观进行设计，并评估设计的合理性和可行性。

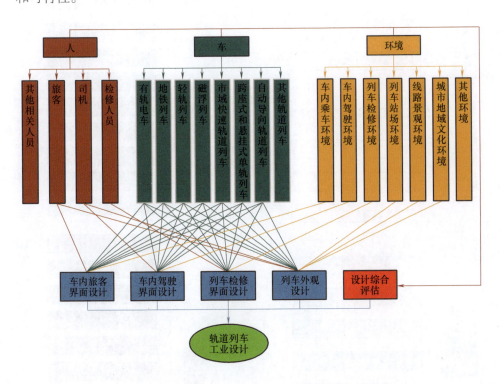

图 2-2 轨道列车"人-车-环"系统设计与评估框架

技术、人因、美学和文化是构成列车工业设计的四大核心要素，轨道列车车内旅客界面、驾驶界面、列车外观和检修界面的设计与评估，均需要考虑耦合这四要素。图 2-3 所示是轨道列车技术-人因-美学-文化多要素耦合设计与评估框架，该框架的提出有助于明确轨道列车工业设计的具体设计内容及设计与评估中应考虑的因素。

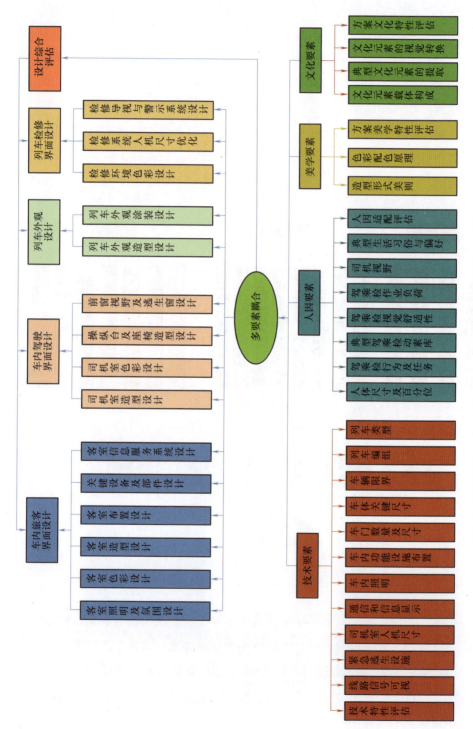

图 2-3 轨道列车技术-人因-美学-文化多要素耦合设计与评估框架

2.1 技术要素

轨道列车工业设计是一种建立在技术性知识基础之上的艺术性设计。进行工业设计,必须先要对轨道列车的主要构成,轨道列车设计常用标准、车体材料与成型特点,以及气动外形设计中的要点有清楚的了解和认识。

2.1.1 轨道列车的主要构成

根据列车的用途和车辆的特征,列车通常有三种典型的编组方式:①适用于铁路货运列车的编组:机车(Locomotive)+货车(Wagons);②适用于普通铁路客运列车的编组:机车+风挡+客车(Passenger Coach);③适用于高速动车组和各型城市轨道列车的编组:头车(Leading Car/Head Vehicle)+风挡+中车(Middle Cars/Middle Vehicles)+风挡+尾车(Tail Car/Tail Vehicle),如图2-4所示。

图2-4 三种典型的列车编组方式

a)机车+货车编组 b)机车+风挡+客车编组 c)头车+风挡+中车+风挡+尾车编组

在上述各类型编组方式中,电力机车是我国现阶段应用较为广泛的车型。头车和尾车是高速列车、各型城市轨道列车等动车组型列车所特有的车辆,通常设置于列车的前端和尾端(统称端车),内部有司机室;中车是头车和尾车间所有车辆的统称,不同的轨道列车,中车有所不同。

1. 机车

内燃机车通常由带司机室的车体和转向架构成,见表1-1;电力机车则通常由带司机室的车体、转向架和受电弓构成,见表1-2。图2-5所示为某电力机车的司机室、转向架和受电弓。

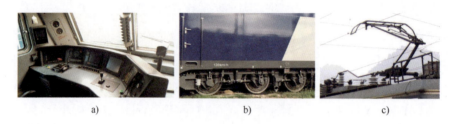

a)   b)   c)

图2-5 机车的关键功能件

a) 司机室 b) 转向架 c) 受电弓

2. 货车

铁路货车是用来载运货物的车辆的统称,常见的有棚车(车身代号"P")、敞车(车身代号"C")、罐车(车身代号"G")、平车和漏斗车等[1-2],见表2-2。铁路货车也是由形态和功能不同的车厢和转向架所组成。

表2-2 各型铁路货车

（续）

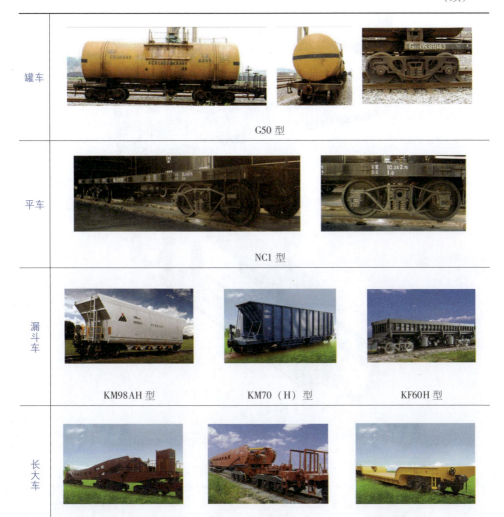

3. 客车

铁路客车是用来载运旅客、为旅客提供服务的车辆。普通铁路客车通常也是由具有不同功能的车体和转向架构成，图2-6所示为我国铁路客车车体的基本构成，主要包括底架、侧墙、车顶、端墙等[3]。此处的客车专指普通铁路客车，包括普通硬座车（车身代号"YZ"）、软座车（车身代号"RZ"）、硬卧车（车身代号"YW"）、软卧车（车身代号"RW"）、行李车（车身代号"XL"）、餐车（车身代号"CA"）等[1]，见表2-3。

图 2-6 客车（中车）车体的基本构成

表 2-3 各型普通客车

硬座车	YZ25G 型
软座车	RZ25B 型

（续）

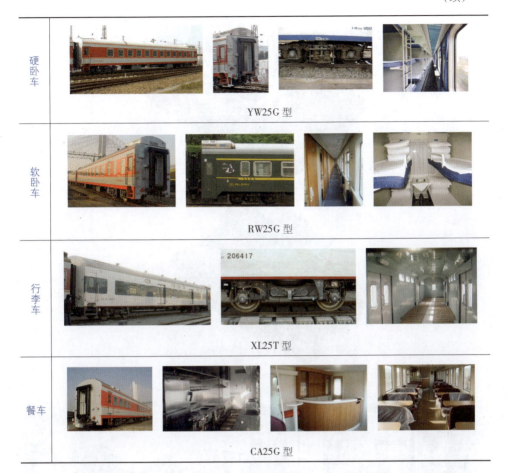

4. 头车和尾车

动车组型列车的端车（头车和尾车）通常设置于列车的两端，其外观和内部一般相同（为了更好地提升列车运行中的气动性能，已有学者开始探索将超高速列车的头车和尾车设计成不同的气动外形）。当列车到达终点站后无须掉头，仅需司机在头车和尾车间调换驾驶位置即可实现驾驶列车折返。端车通常由带司机室的车体和（或）走行部（转向架或胶轮，见图2-7）或（和）受电弓组成，如西门子ULF有轨电车的转向架设置在两紧邻车辆之间的风挡内部，虚拟轨道列车和胶轮导轨式有轨电车没有转向架而是采用胶轮，有的单轨列车的走行部是在车体的顶部，有的列车是将受电弓设置在某一个或多个中车顶部。

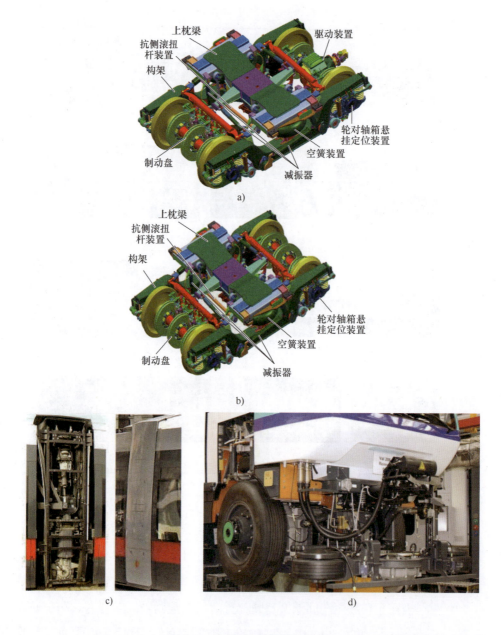

图 2-7 轨道列车常用的走行部

a）某动车转向架　b）某拖车转向架　c）ULF 有轨电车转向架　d）某胶轮走行部

高速列车的端车见表 1-3，地铁列车的端车见表 1-4，现代有轨电车的端车见表 1-5，磁浮列车的端车见表 1-6，单轨列车的端车见表 1-7，自动导向轨道列车的端车见表1-8。图2-8所示为部分轨道列车的端车结构及组成,图2-9所示为部分轨道列车的司机室驾驶界面。

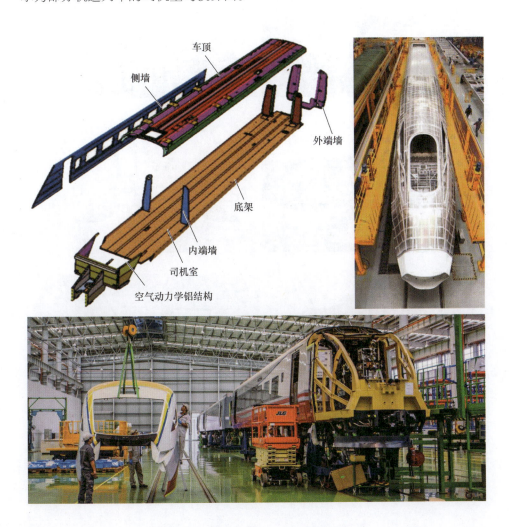

图2-8 部分轨道列车的端车结构及组成

5. 中车

中车是高速动车组和各型城市轨道列车特有的车辆,用来载运旅客、为旅客提供服务。中车通常也是由车体和(或)走行部(转向架或胶轮)或(和)受电弓组成(如浮车型现代有轨电车的车体下部就没有设置转向架,有的单轨列车的中间短车体上部就没有设置走行部)。部分高速动车组列车的

图 2-9 轨道列车的司机室驾驶界面
a) CR400BF 高速列车　b) CRH3 高速列车　c) 某地铁车
d) 某悬挂式单轨车　e) 某有轨电车　f) 某磁浮车

中车见表 1-3，各型城市轨道列车的中车见表 1-4~表 1-8。通常同一型号的轨道列车，中车的横截面形状是相同的，但各车体长度和内部设计则可能有所不同，如高速动车组列车的中车就有双层卧铺车、软卧车、商务座车、一等座车、二等座车、餐车之分，见表 2-4。

2.1.2　轨道列车设计常用标准

在轨道交通领域，目前主要有两类标准（包括技术规范）对轨道列车的设

第2章 轨道列车工业设计基础知识

表 2-4 部分高速动车组和各型城市轨道列车中车

高速动车组列车	中车外观	商务座车	一等座车	二等座车
地铁列车	纵向动卧中车外观	纵向动卧车内环境	纵向动卧上铺铺位	纵向动卧餐车环境
	中车外观	车内环境	把手	侧门
轻轨列车	中车外观	车内环境	座椅	座椅

(续)

有轨电车	中车外观1	中车外观2（长+短车体）	中车外观3（长+短车体）
	中车内环境		
其他	某磁悬浮列车中车外观及内环境		某悬挂式单轨列车中车外观及内环境

计研发做出了规定：第一类是由国际铁路联盟（International Union of Railways，UIC）和欧盟等颁布实施的各类以"UIC""TSI""EN"开头的标准和技术规范；第二类是由我国相关部门颁布实施的各类以"GB""GB/T""CJJ""CJJ/T""CJ""CJ/T""T/CCES"等开头的标准和技术规范。出口型列车应优先满足第一类标准或技术规范；国内使用的列车应优先满足第二类标准和技术规范，同时尽量考虑兼容第一类标准和技术规范。这两类标准主要对列车的以下内容项做出了规定。

1. 车限

铁路限界（Railway Clearances）用于确保轨道车辆能在规定的轨道线路范围内通行无阻，防止车辆因外形尺寸或建筑物、地面设备的位置不当而引起不安全的行车事故；铁路限界包括机车车辆限界（简称"车限"）和建筑限界（简称"建限"）[3]。国际铁路联盟《UIC 505-5》[4]中，给出了基准轮廓线和机车车辆制造限界、静态限界、动态限界、最大建筑限界、沿线固定建筑物限界之间的关系。《标准轨距铁路机车车辆限界》（GB 146.1—1983）[5]对我国标准轨距铁路机车车辆限界进行了详细规定；我国地铁列车车辆限界的规定详见《地铁限界标准》（CJJ/T 96—2018）[6]。机车车辆限界如图 2-10 所示。

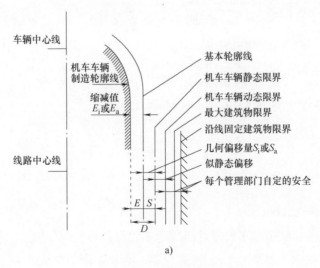

图 2-10 机车车辆限界

a）UIC 铁路限界

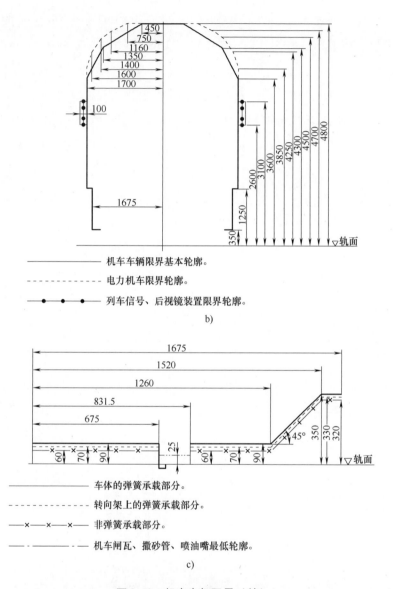

图 2-10 机车车辆限界（续）

b) GB 146.1—1983 规定的车辆上部限界　c) GB 146.1—1983 规定的车辆下部限界

2. 轨道列车设计依据

除了车限外，轨道列车的设计研制还需要符合相关标准和技术条件的约束，我国各型轨道列车设计的主要依据见表 2-5。针对不同的车型，我国均指定了相关的标准和技术条件，进行轨道列车工业设计应基于这些标准来开展相关工作，务必保证早期的设计方案应符合相关标准和技术条件的基本要求。

表 2-5　轨道列车设计的主要依据

车　型	专用参考标准（以最新版为准）	通用参考标准（以最新版为准）
普通铁路客车和高速列车	GB 6770 机车司机室特殊安全规则 GB/T 6769 机车司机室布置规则 GB 5914.2 机车司机室前窗、侧窗和其他窗的配置 TB/T 1451 机车、动车前窗玻璃 GB/T 5914.1 机车司机室 第1部分：瞭望条件 UIC 612-0 Driver Machine Interfaces for EMU/DMU, Locomotives and driving coaches- Functional and system requirements associated with harmonised Driver Machine Interfaces EN 45545-4 Fire safety requirements for rolling stock design TB/T 3262 动车组司机室门 GB 6770 机车司机室特殊安全规则 TB/T 2961 机车司机室座椅 B/T 3264 动车司机座椅 TB/T 1755 硬座车座椅尺寸参数及技术条件（仅适合普通铁路客车） TB/T 3263 动车组乘客座椅 GB/T 37333 铁道客车及动车组无障碍设施通用技术条件 UIC 651 Layout of driver's cabs in locomotives, railcars, multiple unit trains and driving trailers（重点适用出口型） UIC 565-3 Indications for the layout of coaches suitable for conveying disabled passengers in their wheelchairs 2008/164/EC Concerning the technical specification of interoperability relating to "Persons with reduced mobility" in the trans-European conventional and high-speed rail system	TB/T 3091 铁路机车车辆驾驶人员健康检查规范 GB 13547 工作空间人体尺寸 GB 10000 中国成年人人体尺寸 GB/T 12985 在产品设计中应用人体尺寸百分位数的通则
地铁列车	GB/T 50833 城市轨道交通工程基本术语标准 CJJ/T 114 城市公共交通分类标准 GB 50490 城市轨道交通技术规范 T/CCES 2 市域快速轨道交通设计规范	GB 50157 地铁设计规范 GB/T 7928 地铁车辆通用技术条件 CJJ/T 96 地铁限界标准
轻轨列车		GB/T 23431 城市轻轨交通铰接车辆通用技术条件

（续）

车　型	专用参考标准（以最新版为准）		通用参考标准（以最新版为准）
有轨电车		CJ/T 417 低地板有轨电车车辆通用技术条件	TB/T 3091 铁路机车车辆驾驶人员健康检查规范
磁浮列车	GB/T 50833 城市轨道交通工程基本术语标准 CJJ/T 114 城市公共交通分类标准 GB 50490 城市轨道交通技术规范	CJ/T 367 高速磁浮交通车辆通用技术条件 CJ/T 375 中低速磁浮交通车辆通用技术条件 CJJ/T 255 中低速磁悬浮交通运行控制技术规范	GB 13547 工作空间人体尺寸 GB 10000 中国成年人人体尺寸 GB/T 12985 在产品设计中应用人体尺寸百分位数的通则
单轨列车	T/CCES 2 市域快速轨道交通设计规范	CJ/T 287 跨座式单轨交通车辆通用技术条件	
自动导向轨道列车		CJJ/T 277 自动导向轨道交通设计标准	

3. 轨道列车基本参数

表2-6是根据调研和我国相关国家标准及规范整理获得的我国部分轨道列车的主要外形尺寸、特征，以及基于调研整理获得的部分轨道列车的典型外观（表内的国外列车尺寸与我国规定的尺寸可能存在差异）。该表中的相关数据可为设计同类型的轨道列车提供基本参数依据。

2.1.3　车体材料和成型特点

列车的车体材料和成型特点与列车工业设计息息相关，采用不同的材料，不但所获得的结构强度和结构形式会有所差异，而且所获得的造型效果与经济效益也会有所不同。因此，要想获得理想的列车设计方案，在方案构思时就应当考虑材料类型、特性以及可行的结构方式，然后再按照材料与结构的特点去塑造形态，或者根据构思的形态去选择合理的材料和成型工艺。

轨道列车对于车辆轴重要求比较严格，车体及内饰轻量化是当前发展的方向[7-8]。轻量化车体不但可以节约材料和牵引动力的消耗，而且还可以减轻车辆走行部与线路的磨耗，延长使用寿命，从而带来显著的经济效益[9]。

表2-6 我国部分轨道列车的主要外形尺寸、特征及对应的国内外典型列车

车辆类型		车体基本尺寸（长×宽×高）/m		典型车辆编组	单节车厢车门（单侧）/m		国内外典型列车
		端车	中车		端车	中车	
高速列车	CRH1	26.95×3.328×4.04	26.6×3.328×4.04	8辆	1~2对，宽0.73或1.08，高1.85	1~2对，宽0.73或1.08，高1.85	
	CRH2	25.7×3.38×3.7	25×3.38×3.7	8辆	3对，宽0.73或1.08，高1.85或1.9	1~2对，宽0.73或1.08，高1.85或1.9	
	CRH3	25.52×3.265×3.89	24.175×3.265×3.89	8辆	1对，宽0.9或1.1，高2.05	1~2对，宽0.9或1.1，高2.05	
	CRH5	27.6×3.2×4.27	25×3.2×4.27	8辆	1~2对，宽0.73或1.08，高1.85	1~2对，宽0.73或1.08，高1.85	
	CRH380A	26.5×3.38×3.7	25×3.38×3.7	8辆	1对，宽0.73或1.08，高1.85或1.9	1~2对，宽0.73或1.08，高1.85或1.9	

(续)

车辆类型		车体基本尺寸(长×宽×高)/m		典型车辆编组	单节车厢车门(单侧)/m		国内外典型列车
		端车	中车		端车	中车	
地铁列车	A型	23.6×3×3.8	22×3×3.8	6辆或8辆	5对, 宽1.3~1.4, 高≥1.8	5对, 宽1.3~1.4, 高≥1.8	
	B1型(受流器车)	19.6×2.8×3.8	19×2.8×3.8	4辆、6辆或8辆	4对, 宽1.3~1.4, 高≥1.8	4对, 宽1.3~1.4, 高≥1.8	
	B2型(受电弓车)	19.6×2.8×3.81	19×2.8×3.81	—	—	—	
轻轨列车	4轴车(C-Ⅰ)	19.8×2.6×3.7	—	1辆	4对, 高≥1.8	—	—
	6轴车(C-Ⅱ)	11.6×2.6×3.7	(7.2×2.6×3.7)	2辆、4辆或6辆	2对, 宽≥1.3, 高≥1.8	1对, 宽≥1.3, 高≥1.8	
	8轴车(C-Ⅲ)	11.6×2.6×3.7	7.2×2.6×3.7	3辆	2对, 宽≥1.3, 高≥1.8	1对, 宽≥1.3, 高≥1.8	

类型	子类	图片	单节尺寸	编组尺寸	编组辆数	车门（一）	车门（二）
磁浮列车	电磁悬浮		(27.2)×3.7×4.2（高速）或(15)×3×3.7（中低速）	(24.8)×3.7×4.2（高速）或(14)×3×3.7（中低速）	4~10辆	1~3对，宽≥0.9，高≥1.95（高速）或宽≥1.3，高≥1.8（中低速）	1~3对，宽≥0.9，高≥1.95（高速）或宽≥1.3，高≥1.8（中低速）
	电动悬浮						
有轨电车	单车型		(12.5)×(2.65或2.4)×3.6	(6~12.5)×(2.65或2.4)×3.6	3辆或6辆	2对（单门0.8）×3.6	1~2对（单门0.8）高≥1.85
	浮车型		(5~7)×(2.65或2.4)×3.6	(6~9)×(2.65或2.65)×3.6（长）；(3~6)×(2.65或2.4)×3.7（短）	5辆或7辆	1~2对（单门0.8）高≥1.85	0~2对（单门0.8）宽≥1.3，高≥1.85
	铰接型		(4.8)×(2.65或2.4)×3.6	(6.5)×(2.65或2.4)×3.6	4~9辆	1对，宽≥1.3，高≥1.85	1对，宽≥1.3，高≥1.85

(续)

车辆类型		车体基本尺寸 (长×宽×高)/m		典型车辆编组	单节车厢车门 (单侧)/m		国内外典型列车
		端车	中车		端车	中车	
有轨电车	组合型	(4.8)× (2.65或 2.4)×3.6	(6.5)× (2.65或 2.4)×3.6	3辆	2对,宽≥1.3, 高≥1.85	2对,宽≥1.3, 高≥1.85	
	胶轮导轨 式电车	(8.5)× 2.2×2.95	(8)×2.2× 2.95	3~6辆	1对,宽≥1.3, 高≥1.85	1对,宽≥1.3, 高≥1.85	
	跨坐式列车	14.8× 2.9×5.3	13.9× 2.9×5.3	4~6辆	2对,宽≥1.3, 高≥1.8	2对,宽≥1.3, 高≥1.8	
单轨 列车	非对称钢 轮钢轨型 (悬挂式列车)	—	—	1~2辆	—	—	
	"工"字 轨道梁悬 挂型(悬 挂式列车)	—	—	3辆	—	—	

类型	图片	尺寸	编组	车门
非对称悬挂胶轮型（悬挂式列车）		—	2辆	—
SAFEGE型（悬挂式列车）		—	2~3辆	—
自动导向轨道列车 中央导向型		(11~13)×(2.65~2.85)×(3.3~3.7)	单节或多节	每节≥2对，宽≥1.9，高≥1.96
自动导向轨道列车 两侧导向型		(12~13.5)×(2~3.2)×(3.65~3.75)	单节或多节	每节≥2对，宽≥1.9，高≥1.96

表 2-7　四种常用车体材料的特点

材料	耐候钢	不锈钢	铝合金	玻璃钢
特点	可以自由造型	造型困难	可以自由造型	可以自由造型
	塑性加工容易	需塑性加工技术	塑性加工容易	模制成型
	结构可达到车体气密效果	车体气密困难	结构可达到车体气密效果	结构可达到车体气密效果
	轻量化难	对轻量化有一定效果	对轻量化有显著效果	对轻量化有一定效果
	材料价格低	材料价格高	材料价格特高	材料价格高
	材料强度一般	材料强度高	材料强度略低	材料强度高
	耐蚀性不好	耐蚀性优越	耐蚀性好	耐蚀性好
	耐热性高	耐热性高	耐热性低	耐热性高
	焊接性好	焊接性好	需专门焊接技术	需专门连接技术
	制造价格低	制造价格偏高	制造价格高	制造价格偏高
	维修难	无维修	无维修	无维修

目前，轨道列车通常采用整体承载结构，使用的车体材料主要有耐候钢、不锈钢、铝合金和玻璃钢四种，各自特点见表 2-7[10]。由于玻璃钢具有重量轻、强度高，可以模制成复杂曲面造型的特点，因而在设计外形复杂的司机室时可优先考虑选用该材料，目前高速动车组列车的车钩罩、部分动车组列车司机室外壳、一些动车组内饰件均采用的是玻璃钢材料。典型的带司机室的车体和客车（中车）车体分别如图 2-11 和图 2-12 所示。

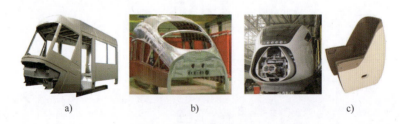

图 2-11　典型的带司机室的车体

a) 钢制骨架外壳结构　b) 铝合金骨架外壳结构　c) 玻璃钢结构（车钩罩、内饰件）

2.1.4　气动外形

1. 影响因素

对于轨道列车来说，头部的外形设计不仅是审美和彰显文化的需要，更与

 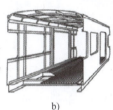 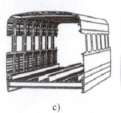 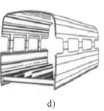

a)　　　　　　　b)　　　　　　　c)　　　　　　　d)

图 2-12　客车（中车）车体

a）钢制骨架外壳结构　b）铝合金骨架外壳结构
c）铝合金薄型材单壳结构　d）中空铝合金型材结构

车辆行驶速度和气动性能相关[11-12]。列车在运行时，列车运行阻力和会车压力波是影响轨道列车气动外形的两个重要因素[13-14]。列车运行时，作用在列车上的阻止列车运行且不受人力操控的外力，称为列车运行阻力，简称列车阻力，可分为基本阻力和附加阻力，且基本阻力对列车运行影响较大，而附加阻力的影响相对较小[15-16]。列车运行阻力主要来源于车辆自身、线路条件和自然环境。

（1）基本阻力　列车的基本阻力由机械阻力和空气阻力（气动阻力）构成。

1）机械阻力。机械阻力指列车运行时机械部件（如轴承）之间、走行部与轨道间的摩擦、冲击和振动等形成的阻止列车前进的阻碍力，包括轴承阻力、滚动阻力、滑动阻力、冲击和振动阻力等[15-16]。

2）空气阻力。空气阻力指空气对运动物体的阻碍力，是运动物体受到空气的弹力而产生的[17]。轨道列车运行中受到的空气阻力主要有三类[13]：

第一类为压差阻力，即列车头部及尾部压力差所引起的阻力，车头受到的是正压力（就如用力抵住列车头部来阻止其前进），车尾受到的是负压力（就如用力拉拽列车尾部来阻止其前进）。

第二类为摩擦阻力，是由空气的黏性作用而引起的、作用于车体表面的剪切应力造成的阻力。

第三类为干扰阻力，是由列车表面物件凹凸不平所引起的阻力，如转向架、门窗、车体底部设备、车顶设备及车辆之间的风挡、受电弓等。

列车空气阻力与列车速度、外形和尺寸紧密相关，通常可以用式（2-1）表示[15]。

$$W_a = C_x S \frac{\rho v^2}{2} \tag{2-1}$$

式中，W_a 为空气阻力，单位为 N；C_x 为列车空气阻力系数（经实验测定，与列车外形相关）；S 为列车车体最大横截面面积，单位为 m^2；ρ 为空气密度，单位为 kg/m^3；v 为列车与空气的相对速度，单位为 m/s，无风时为列车速度。

从式（2-1）中可以得出，空气阻力与速度的平方、列车空气阻力系数和列车车体最大横截面面积成正比。因此，在列车设计速度确定的情况下，应尽量降低列车空气阻力系数和列车车体最大横截面面积，以便降低列车受到的阻力。但是，列车的车体横截面面积既受到列车车限的约束，又受到车厢内部空间最大化利用的约束，因此实际中通过大幅降低列车车体最大横截面面积的方法不可取；通过降低列车空气阻力系数来减小列车受到的空气阻力更具可行性。

3）空气阻力与机械阻力对列车的影响。如图 2-13 所示，当列车车速约为 100km/h 时，空气阻力和机械阻力约各占列车运行阻力的 50%；当速度提高到 200km/h 时，空气阻力约占总阻力的 70%，机械阻力约只占 30%；当列车以

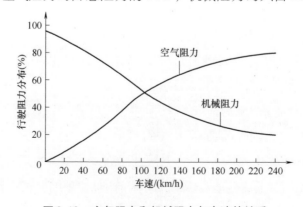

图 2-13　空气阻力和机械阻力与车速的关系

250km/h 的速度平稳运行时，空气阻力约占列车总阻力的 80% 以上。例如，我国 CRH380A 高速列车在京沪线运行时速为 486.1km 时，空气阻力大于总阻力的 92%；如时速达到 500km 以上，空气阻力会大于总阻力的 95%[13]。总之，低速时，列车所受机械阻力占总阻力的比例较大；高速（200km/h 以上）时，列车所受空气阻力占总阻力的比例较大。

据介绍[12]，法国 TGV 高速列车空气阻力的测试结果为：当 $v=100$km/h 时，$W_a=5.526$kN；当 $v=200$km/h 时，$W_a=15.25$kN；"德国联邦铁路城间特快列车 ICE 技术任务书"中规定，头车空气阻力系数 $C_x=0.17$，尾车空气阻力系数 $C_x=0.19$，中车 $C_x=0.07$。我国在研制第一列高速试验列车时，在"高速试验列车外形及空气动力学性能技术条件"中也选取了上述值作为设计和评估依据。

（2）会车压力波　在列车运营过程中，同一线路上的两组列车会车时通常会出现三种典型情况：第一种是一列车静止，另一列车运行并以一定速度会车通过；第二种是两列车以等速相向运行会车并通过；第三种是两列车以不等速相向运行会车并通过。

在上述三种会车情况中，由于列车运行导致端车对空气的挤压，将在静止列车和两列相对运行列车会车一侧的侧墙上引起压力波（压力脉冲），会车压力波对线路设施和站场人员的安全、旅客和乘务人员的舒适性影响巨大。研究表明[18]，随着列车速度的大幅提高，会车引起的压力波强度将急剧增大；为了有效减小列车会车引起的压力波强度，应将高速列车（速度≥200km/h）的头部设计成细长而流线的外形；为了有效减小列车会车压力波及其带来的不良影响，应适当增大会车列车内侧墙间距，也即应适当增大铁路的线间距[19]。因此，为了保证设计速度，并有效地减小会车引起的压力波，宜将速度远高于 100km/h 的端车头部设计成细长且整体呈流线型的外形（流线型部分），并适当增大铁路的线间距。

2. 列车头型长度

列车头型（Streamlined Head）是指端车的流线型部分，它不仅关系到列车的气动性能，还直接影响着列车的整体外形，因此是轨道列车工业设计研究的焦点之一。列车的空气阻力系数系通常与其头型紧密相关。

长细比是指构件的计算长度与其横截面回转半径的比值，原本用来描述工程构件的形态特征[20]，后来被用于描述列车车头流线型部分形态特征，并有体积和长度两种定义方法[21-23]。轨道列车头型的长细比常采用长度法定义，即端车流线型部分长度与车体最大横截面半径的比值，可用式（2-2）表示[22-23]。

$$\gamma = L_1 / \sqrt{S/\pi} \tag{2-2}$$

式中，γ 为轨道列车头型的长细比；L_1 为车头流线型部分长度（即车头前端鼻形部位长度），见图 3-1，单位为 m；S 为列车车体最大横截面面积，单位为 m^2。

运营速度 200km/h 以上的高速列车头型长细比一般要求≥3，运营速度 100km/h 左右的列车则无明确要求。

从式（2-2）可以得出，轨道列车头型的长细比值与车头流线型部分长度成正比，与列车车体最大横截面面积成反比。由于通过显著降低列车车体最大横截面面积（会影响列车载客或载物空间）的方法不可取，因此要提高轨道列车头型的长细比，最直接有效的方法就是适当增加车头流线型部分的长度。同时，列车车头流线型部分的长度越长，端车牺牲的载客和载物空间就越大，因此列车头型设计应根据设计速度来确定合理的车头流线型部分长度。现实中，列车的速度等级越高、气动性能越优，列车端车流线型部分的长度通常越长，例如，日本的 0 系列车流线型部分的长度为 4.4m，100 系列车为 5.5m，300 系列车为 6.0m，700 系列车为 9.2m，E5 系列车为 15m，最新的 Alfa-X 列车甚至达到了 22m（见表 2-8）。

表 2-8 部分高速列车端车流线型部分的长度

列车型号	头 型	头部长度/m
0 系		4.4
100 系		5.5
300 系		6.0

(续)

列车型号	头型	头部长度/m
700 系		9.2
E5 系		15
Alfa-X		22

3. 列车头型

优秀的列车头型设计方案可以有效地减小列车运行中的空气阻力和会车压力波。高速列车头型可以分为四类[24]：钝体形、椭球形、梭形和扁宽形（见图 2-14）。

图 2-14 四类典型的高速列车头型
a) 钝体形 b) 椭球形 c) 梭形 d) 扁宽形

研究表明[24]，在无横风的情况下，头车为椭球形而尾车为梭形的总阻力为最小；在有横风的作用下，扁宽形头车阻力较小，椭球形头车阻力较大；列车交会压力波以扁宽形头车为最小，椭球形为最大，梭形和钝体形车头介于中间。减小列车空气阻力和降低会车压力波是既矛盾又统一的，列车头型形状的设计需要综合考虑各种因素的影响，如车内设备所占的空间、加工工艺的难易等。头型形状轮廓线设计要满足司机室高度、前窗几何尺寸、玻璃形状和视野的要求。尽量降低头型形状轮廓线的垂向高度，使头型趋于扁形，以减小压力冲击波和改善尾部涡流的影响。在具体的设计中,可根据列车的运营速度来确定其头型。

(1) 运营速度200km/h以上车型 在机车、高速列车和城市轨道列车中,由于高速列车的运营速度为200km/h以上,高速磁浮列车的最高运行速度不应低于400km/h,因此这两类列车的头型设计应充分考虑空气阻力和会车压力波的影响,宜优先考虑为椭球形头型、梭形头型或扁宽形头型,端车头部流线型长度宜大,整车流线型程度宜高。例如,日本新干线由于铁路的线间距较小,因此高速列车多采用扁宽形头型(见表1-3中的E4、E5、E6和Alfa-X等车型),而我国由于铁路的线间距较大,因此复兴号高速列车和新研制的高速磁浮列车均设计成了椭球形或梭形头型(见表1-3中的CR400AF、CR400BF,以及表1-6中的600km/h样车)。

(2) 运营速度100km/h左右的车型 除高速磁浮列车外的城市轨道列车最高运行速度通常为80km/h、100km/h或120km/h[25],因此这些城市轨道列车受空气阻力和会车压力波影响相对较小,外观造型的自由度相对较大,端车头型宜设计成短而钝(钝体形),整车流线型程度不宜过高。

2.2 人因要素

在欧洲和美国,"Ergonomics"和"Human Factors"是等意的两个术语[26-27],许多从事该学科研究的专家和学者,在专著、论文和研究报告中都在使用这两个等意术语。在日本,该学科统称为"人间工学",英文多采用"Ergonomics";在我国,该学科则被命名为"人类工效学""人机工程学""人-机-环境系统工程学""宜人学""人体工程学""人体功(工)效学"等,而以人机工程学、人类工效学和人因学的命名最为常见[28-34]。曾为中国人类工效学会(Chinese Ergonomics Society,CES)理事长的张侃教授,在《人因工程学导论》[28]中专门阐述了我国学术界对这门学科命名的过程中所存在的问题,明确指出将"Human Factors(Ergonomics)"翻译成"人因学"是一个准确的表达。由于各种文献对该学科的命名不统一,所以本书同样也不可避免地使用了"Ergonomics"和"Human Factors"这两个等意术语,以及他们的中文名"人因(学)""人机工程(学)"等。同时,参照英文"Rail Human Factors",本书侧重使用中文名"人因学""人机工程学"和"轨道交通人因"。目前，由国际人机工程学会（International Ergonomics Association，IEA）起草，并获得美国人因工程学会（Human Factors and Ergonomics Society，HFES）认可的最新、最权威的学科定义为[35]：

Ergonomics（or Human factors）is the scientific discipline concerned with the understanding of interactions among humans and other elements of a system, and the profession that applies theory, principles, data and methods to design in order to optimize human well-being and overall system performance.

人机工程学（或人因学）是一门专注于研究某个系统中人与其他相关要素（设备和使用环境）间的相互作用关系，以及运用相关理论、原理、数据和方法来进行设计，从而使整个系统性能达到最佳匹配的技术学科。

该学科形成于18世纪到19世纪期间的第一次工业革命，初期是为了提高生产效率，属于"人宜机"的阶段；在第二次世界大战期间该学科知识被应用于武器设计与研发，以使武器装备更加符合人的生理、心理和使用特点，属于"机宜人"的发展阶段；在20世纪50年代后，这门学科得到了飞速的发展，被广泛应用于社会各个领域，开始发展成为"人-机-环境"系统设计理论体系[36-37]。该学科在我国的研究起步较晚，开始于20世纪90年代初，是在著名科学家钱学森的指导下，由龙升照和陈信等人奠定的学科基础[34,38-40]。人、机、环境是构成系统（人机环境系统）的三要素[37]，三者之间既相对独立，又相互联系、相互作用。在这个系统中，"人"是指处于这个系统中执行工作任务的人员总称，"机"是指这个系统中所有机器设备的总称，"环境"则是这个系统中物理和社会环境的总称[34]。研究人机环境系统，可从两个大的方向入手：一个方向是对人-机-环境的综合因素作用特点和规律进行研究，寻求系统构成因素间最优的匹配组合方案；另一个方向是对系统涉及的三个单因素进行研究，准确确定各项因素的自身特点和内容，为研究系统匹配提供支撑。

轨道交通人因学（Rail Human Factors，RHFs）是交通人因学（Transportation Ergonomics，TE）[41]的一个分支，借鉴人机工程学（人因学）的定义，可以认为：轨道交通人因学是专注于研究轨道交通系统中人与其他相关要素间相互作用的关系，以及运用相关理论、原则、数据和方法来进行设计，从而使整个轨道交通系统性能达到最佳匹配的学科（或专业）。

2.2.1 轨道交通系统的人因要素

为了使轨道交通系统性能能够达到最佳匹配，英国铁路安全与标准委员会（Rail Safety and Standards Board，RSSB）[27]提出了影响铁路系统作业效率的五大要素，即设计要素、文化要素、人员配备要素、培训要素和工作状况要素。换言之，这些要素就是轨道交通人因学所要研究的主要内容，其详细构成情况见表2-9。

表2-9 影响铁路系统作业效率的五大要素及其构成内容

要 素	构 成 内 容
设计（Design）要素	以用户为中心的设计（User-centred Design）
	装备设计（Equipment Design）
	工作空间设计（Workplace Design）
	工作设计（Job Design）
	任务分析（Task Analysis）
	功能分配（Function Allocation）
（运营企业或组织的）文化（Culture）要素	领导（Leadership）
	管理（Management）
	团队合作（Team-working）
	变革（Change）
人员配备（Staffing）要素	人员选拔（Selection）
	人员保留（Retention）
	人员招聘（Recruitment）
培训（Training）要素	培训需求分析（Training Needs Analysis）
	监督与评估（Supervision and Appraisal）
	培训成本（Cost-effective Training）
工作状况（Conditions）要素	工作士气和动力（Morale and Motivation）
	工作压力（Stress）
	工作负荷（Workload）
	工作倒班（Shift Work）

从表2-9可知，设计要素与列车工业设计相关性比较高，其中以用户为中心的设计、装备设计、工作空间设计和任务分析是工业设计涉及的重点内容，相关知识解读如下[27,42]：

(1) 以用户为中心的设计　以用户为中心的设计[43-44]就是要求基于用户的需求和特性来设计装备及整个系统。对于轨道交通而言，用户的范围包括了驾乘人员、运维人员和广大旅客。轨道列车及其运营系统应该在设计之初就充分考虑所有用户的使用需求，因此在设计过程中就应该全面搜集获取用户的功能需求、身体特性和用户价值需求，让终端用户和相关人员参与设计和实验评估，以保证设计方案能够与用户的需求和身体特性相匹配，从而提高系统的综合性能。

(2) 装备设计　劣质的装备有导致各种安全事故的隐患。精良的装备不但应该符合其使用目的，而且还应该有助于使用者的操作和维护，有利于提高系统的安全和使用效率。设计精良的轨道车辆一般应具备友好、易用、舒适的驾驶界面和旅客界面，控制器有较好的可视性和可操作性，各种信息反馈清楚明确，各种图示符号形象准确便于理解，能够有效防止误操作，符合大部分目标用户的使用习惯或文化习俗，能够较好地适应使用环境。

(3) 工作空间设计　工作空间的设计与装备和人机交互界面具有密切的关系，是一项非常重要的工作。工作空间设计不合理，往往会造成作业效率的降低、乘坐的不舒适，甚至出现身体损伤或死亡的可能。因此在设计中，应做到减少事故和伤亡的发生，提升系统的运营效率和反应速度，确保所有控制器位置可及，降低对司机、乘务人员和旅客的生理和精神压力，提高司机、乘务人员和旅客的工作效率、舒适感或满意度。

对于轨道列车的工作空间（包括乘坐空间）设计应重点考虑的问题有：选择具有代表性的司机、乘务人员和旅客人体尺寸（人体百分位），使设计的工作空间应满足他们中绝大部分人员的要求；选择具有代表性的人体姿势（典型作业或乘车姿势），使设计的工作空间应符合典型作业或乘车姿势的要求；合理划分工作空间区域，使轨道列车车内空间具备"私人空间""公共空间"和"社会空间"属性；规范工作空间的形式，使各种形式的比例、连接和过渡关系、具体形状要和谐自然，不会导致不解或误解；设定适宜的车内微气候环境，保证车内的温度、湿度、空气质量和流通量等有利于提高工作效率和乘坐舒适度；此外，车内采光、照明、振动、噪声、色彩也是工作空间设计过程中应该考虑的问题。

(4) 任务分析　任务分析是一种用于搜集和记录系统中任务信息的方法，

目前主要有层次任务分析法（Hierarchical Task Analysis，HTA）[45]和认知任务分析法（Cognitive Work Analysis，CWA）[46]。一般通过对某项任务进行分析，可以明确执行该任务时用户所应具备的基本知识、技能、生理条件、行为及其他相关要求和限制条件。对轨道列车驾乘人员的任务进行分析，有助于规范驾驶界面和工作空间的合理布置，同时也有助于制定驾乘人员的选拔条件并有针对性地开展作业培训；对搭乘轨道列车旅客的乘车任务进行分析，则有助于车内旅客界面、功能空间、旅客流线（线路）的合理布置和功能设施的配置安放，使车内旅客界面与旅客乘车任务相匹配，减少旅客不必要的任务负荷，提高相关功能设备、设施的可用性和易用性，提高旅客搭乘轨道列车的舒适感和愉悦感。

2.2.2 轨道列车工业设计中的人因问题

轨道列车工业设计中的人因要素与轨道交通人因中的设计要素具有很高的相关性（见表2-10），轨道列车工业设计中的人因要素旨在对用户（包括司机、乘务员、检修人员和旅客等）的生理、心理、认知、行为等特征进行研究，目的是为具体设计提供数据和依据；而轨道交通人因中的设计要素旨在建立以"人（用户）"为中心的设计理论，对用户的任务进行分析，从更加宽广的视角去研究用户，并将研究成果应用于轨道车辆装备、工作空间的设计。从轨道列车工业设计的视角来看，人因学的作用和意义在于：

表2-10 轨道列车工业设计中的人因要素与轨道交通人因中的设计要素

要　　素	构 成 内 容
轨道列车工业设计中的人因要素	用户的生理特征及限能
	用户的心理特征
	用户的认知特征
	用户的行为特征
轨道交通人因学中的设计要素	以用户为中心的设计
	装备设计
	任务分析
	工作空间设计

（1）为轨道列车工业设计提供理论和方法支撑　轨道交通人因学为工业设

计研究用户需求、用户特性提供了方法和理论支撑。应用人因学的先进研究方法，对驾乘人员的主观感受、习惯、驾乘任务、姿势以及生理结构和机能特征进行研究，为轨道列车工业设计提供驾乘人员的基础身体尺寸、作业姿势、人体可达范围、视域范围、通过尺寸、驾乘舒适度评价、驾乘姿势的疲劳分析、关键动作频率分析、驾乘习惯等全方位的设计依据和基础数据，使设计的轨道列车能够满足驾乘人员的需求，从而使设计与用户需求尽可能达到最佳匹配。

（2）明确了轨道列车工业设计应遵循"以用户为中心"的原则 轨道列车工业设计的出发点和落脚点均必须是"用户"，即轨道列车运营过程中所涉及的驾乘人员、运维人员和广大旅客。进行轨道列车工业设计，要明确各种类型的用户所特有的需求，在设计过程中，从用户的需求出发去制定约束条件、解决设计问题，最终的设计方案要能够最大化兼顾所有用户的需求。轨道列车工业设计不可脱离具体的用户，否则设计方案（包括最终产品）可能会丧失安全性、可用性和易用性，从而导致无法满足使用要求或导致使用效率的降低（司机表现为驾驶过程不舒适、操作任务繁琐、导致职业病的发作等，旅客表现为乘坐过程不舒适、乘车任务不合理、导致意外受伤等）。

（3）明确了轨道列车工业设计的内容 进行轨道列车工业设计，应明确轨道列车工业设计的重点内容。轨道交通人因中的"装备设计""工作空间设计"即为轨道列车工业设计的重点内容，具体表现为轨道列车外观设计、车内驾驶和旅客界面设计（包括司机室界面、驾驶界面、客室旅客界面、辅助功能设施等）、相关设备的造型及内部界面设计等。轨道列车工业设计应围绕轨道列车车体外观和轨道列车车内的工作空间进行设计，要使设计的轨道列车同时满足技术、美学、人因和文化的要求。

2.2.3　轨道列车使用者群体基本人机尺寸

轨道列车工业设计涉及的使用者群体主要包括司机、旅客和乘务员。结合表2-5中的相关标准和规范，在轨道列车工业设计过程中，使用者群体基本人机尺寸应满足以下要求。

（1）功能修正量

1）司机。

着衣修正量：坐姿时的坐高、眼高、肩高和肘高加6mm，胸厚加10mm。

穿鞋修正量：身高、眼高、肩高和肘高统一加 25mm。

姿势修正量：立姿和坐姿均不减值（因司机在执行驾驶任务时不考虑自然放松的姿势）。

2）旅客和乘务员。

着衣修正量：坐姿时的坐高、眼高、肩高和肘高加 6mm，胸厚加 10mm。

穿鞋修正量：身高、眼高、肩高和肘高男性加 25mm，女性加 20mm。

姿势修正量：立姿时身高、眼高减 10mm，坐姿时的坐高、眼高减 44mm（考虑自然放松的姿势）。

(2) 人体尺寸百分位数应用

1）司机。

司机的身高符合 TB/T 3091 的规定。

选用成年我国男性 P95 作为司机室上限值的依据。

推荐选用成年我国男性 P10 作为司机室下限值的依据［因我国女性 P50 身高尺寸（157cm）不满足我国司机选拔的最低身高要求 160cm，而我国男性 P10 身高尺寸为 160.4cm，最接近于该规定值］。

2）旅客和乘务员。

选用成年我国男性 P95 作为客室和餐车内室上限值的依据。

选用成年我国女性 P5 作为客室和餐车内室下限值的依据。

(3) 典型姿势及关键人机尺寸

1）司机。

立姿人机尺寸 = 人体尺寸百分位数 + 功能修正量。司机的立姿关键人机尺寸见表 2-11。

表 2-11　司机的立姿关键人机尺寸　　　　　　（单位：mm）

名称	上限值（男性 P95）	下限值（男性 P10）
身高	1775 + 25 = 1800	1604 + 25 = 1629
眼高	1664 + 25 = 1689	1495 + 25 = 1520
肩高	1455 + 25 = 1480	1299 + 25 = 1324
肘高	1096 + 25 = 1121	968 + 25 = 993

坐姿人机尺寸 = 人体尺寸百分位数 + 功能修正量。司机的坐姿关键人机尺

寸见表 2-12。

表 2-12　司机的坐姿关键人机尺寸　　　　　（单位：mm）

名称（距座面）	上限值（男性 P95）	下限值（男性 P10）
坐高	958 + 6 = 964	870 + 6 = 876
眼高	847 + 6 = 853	761 + 6 = 767
肩高	641 + 6 = 647	566 + 6 = 572
肘高	298 + 6 = 304	235 + 6 = 241

2）旅客和乘务员。

立姿人机尺寸 = 人体尺寸百分位数 + 功能修正量。旅客和乘务员的立姿关键人机尺寸见表 2-13。

表 2-13　旅客和乘务员的立姿关键人机尺寸　　　　（单位：mm）

名　称	上限值（男性 P95）	下限值（女性 P5）
身高	1775 + 25 − 10 = 1790	1484 + 20 − 10 = 1494
眼高	1664 + 25 − 10 = 1679	1371 + 20 − 10 = 1381
肩高	1455 + 25 = 1480	1195 + 20 = 1215
肘高	1096 + 25 = 1121	899 + 20 = 919

坐姿人机尺寸 = 人体尺寸百分位数 + 功能修正量。旅客和乘务员的坐姿关键人机尺寸见表 2-14。

表 2-14　旅客和乘务员的坐姿关键人机尺寸　　　　（单位：mm）

名称（距座面）	上限值（男性 P95）	下限值（女性 P5）
坐高	958 + 6 − 44 = 920	809 + 6 − 44 = 771
眼高	847 + 6 − 44 = 809	695 + 6 − 44 = 657
肩高	641 + 6 = 647	518 + 6 = 524
肘高	298 + 6 = 304	215 + 6 = 221

2.3　美学要素

形式美是指构成事物的物质材料的自然属性及其组合规律所呈现出来的审

美特性，主要包括两部分：一部分是构成形式美的感性质料，另一部分是构成形式美的感性质料之间的组合规律，或称构成规律、形式美法则；构成形式美的感性质料主要是色彩、形状、线条、声音等，而构成形式美的感性质料组合规律，也即形式美的法则，主要有比例与尺度、对称与平衡、黄金分割律、主从与重点、过渡与照应、稳定与轻巧、节奏与韵律等[47]。轨道列车的"美"是通过其形式被人们所感知的，所以进行轨道列车工业设计，必须要遵循形式美法则的普遍规律，并以此为基础来加以具体的创造。下面以运营速度等级较低，受空气阻力和会车压力波影响相对较小，造型自由度较大的现代有轨电车为例来阐释如何设计出"美"的轨道列车。

2.3.1 比例与尺度

世界上任何一件存在的产品都会呈现出特定的比例与尺度关系，只是人们觉得"美"的产品，往往所呈现的比例与尺度通常符合人们的视觉习惯，而人们觉得"不美"的产品，往往是在比例与尺度的关系上存在着或多或少的问题。因此，要想设计出造型美观的轨道列车，就必须处理好车体各部间的比例与尺度关系。在轨道列车车体造型设计中，首先应确立的是车体各部的尺度问题，然后才是对车体各部间比例的推敲，要将比例和尺度综合地加以协调。造型中只有合理的比例，而没有合理的尺度，或者只有合理的尺度，而没有合理的比例，都是不可取的。

1. 比例

比例是指造型局部之间或局部与整体之间的匀称关系，不涉及具体量值。在造型设计中，比例通常是指造型物各部分间的相对尺寸，具体就是指整体或局部的长、宽、高尺寸间的关系。合理的比例是创造美的造型的基础，是设计中用于协调造型物各组成部分尺寸的基本手段。造型设计中常用的比例关系有整数比例、均方根比例、黄金分割比例、中间值比例和模度理论五种[48]。轨道列车造型主要与整数比例和黄金分割比例联系紧密。

（1）整数比例在现代有轨电车车体造型中的应用　整数比例是以具有肯定外形的正方形为基础单元而派生的一种比例[48]，如图 2-15 所示。对于现代有轨电车来说，整数比例主要应用于功能一致，又需要重复使用的部位，如车体、车窗以及车门等。图 2-16 即为整数比例在庞巴迪 Cobra 车体上的具体应用，从该车车体、车窗和车门的形式可以得出：整数比例使该车外观具有一种均整、简洁、明快的视觉美感。此外，使用整数比例的车体还具有工艺性好、易加工、适合批量化生产等优点。

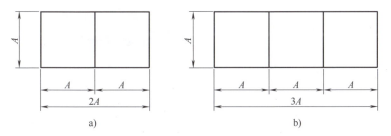

图2-15 整数比矩形

a）边长比为1∶2的矩形　b）边长比为1∶3的矩形

图2-16 整数比例在庞巴迪Cobra车体上的应用

（2）黄金分割比例在现代有轨电车车体造型中的应用　黄金分割比例是指将任一长度为 L 的直线分为两段，分割后的长段与原直线长度之比等于分割后的短段与长段长度之比，如图2-17所示；黄金比的值推算出来是0.618，为了广泛使用，通常近似简化为3∶5[49]。从古希腊至今，黄金分割比例一直被认为是视觉上最完美的分割，已被大量运用在各种建筑、桥梁和工业产品之中。对于现代有轨电车来说，黄金比例在曲线风格的车辆身上应用较少，而在直线风格的车辆前围及侧窗部分使用较多，图2-18所示即为黄金比例在斯柯达10T车体上的具体应用。

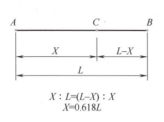

图 2-17　黄金分割比例　　　　图 2-18　黄金分割比例在斯柯达 10T 车体上的应用

2. 尺度

尺度是指产品与人两者之间的比例关系，如图 2-19 所示。产品造型中的尺度，具体就是指造型物整体和局部构件与人或人的使用生理、习见标准相适应的大小关系[50]。尺度通常与产品的使用功能密切相关，产品尺度必须要控制在功能所允许的范围内，要能够适应人的习惯、需要和生理特点。在轨道列车车体造型设计中，应重视各部造型的尺度问题。

图 2-19　尺度概念

尺度感，或称尺度印象，不是造型物实际大小的数量概念，而是指和人相称或比较的尺度感觉或印象。人们在长期的生活、学习和工作当中，对一般事物都已形成了一种固有的观念或印象，而这种观念或印象正是尺度感最直接的影响因素，造型设计中要尽可能使产品尺度符合人们的这种既有观念。轨道列车车体外观的尺度印象主要包括车窗的大小、车门的大小、前窗玻璃的大小、车灯的大小和后视镜的大小等。尺度印象的大小不能理解为具体的数据或绝对的大小，对于轨道列车各部的尺度，可以从自然尺度和夸张尺度来确定。

（1）自然尺度　一般情况下人们的视觉印象尺寸与真实尺寸之间是一致

的，这就是正常尺度也称自然尺度[49]。在轨道列车车体造型设计时，车窗、车门以及前窗玻璃等部件，由于受到功能要求、技术要求和审美要求的限制，其位置和大小通常较为固定，新方案应尽可能使其与普通车辆中相关部件的尺度相一致。轨道列车车体造型设计应使新设计方案中各部件的尺度与自然尺度相符合。

（2）夸张尺度　为了突出或减弱表现某些部分的造型或功能，可以使用夸张尺度的设计手法。夸张尺度也是利用了人们对既有事物的经验认识，是通过夸大或缩小造型物的尺度来达到强调或减弱表现造型物的作用。图 2-20 所示即为采用夸张尺度所设计的两种不同造型的车灯：庞巴迪的 Flexity 夸大了车灯的长度，使整体尺度显得特别细长，能够起到强调前围整体效果、弱化车灯局部形式的作用；阿尔斯通的 Citadis 夸大了车灯的外形，使整体尺度显得特别巨大，能起到突出车灯形式的作用。

图 2-20　夸张尺度的具体应用
a) Flexity　b) Citadis

2.3.2　均衡与稳定

均衡与稳定是自然界物体美感的基本规律[48]，轨道列车要想获得具有美感的外观造型，设计时就应遵循均衡与稳定原则，要使车体各部间的形体具有平衡、安定的视觉效果，要能突出车体造型的均衡与稳定属性。

1. 均衡

均衡是指造型各部分之间前后、左右的相对轻重关系或平衡关系，在视觉上能给人一种内在的安定感；均衡包括等形等量平衡、等量不等形平衡、等形不等量平衡和不等形不等量平衡四种形态[48,50]，如图2-21所示。其中，图2-21a和c平衡中的支点位置都处于支撑面的中点，符合物体放置的一般逻辑，因而在视觉上和实际上都是平衡的；而在图2-21b和d中，为了求得视觉上的平衡，支点的位置必须靠向体量感重的一方，这就使得该支点与一般物体放置状态的支点形式不能统一，是一种脱离了实际的理想中的平衡关系。因此，图2-21a和c两种平衡关系在实际造型设计中应用较多，而图2-21b和d两种平衡关系在实际造型设计中则难以被应用。

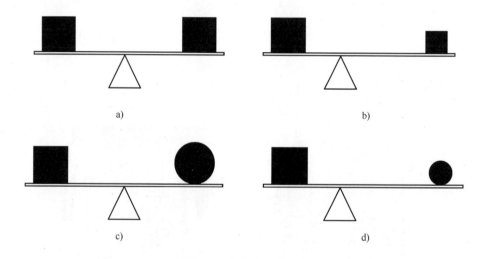

图2-21 均衡的四种形态

a) 等形等量平衡 b) 等形不等量平衡 c) 等量不等形平衡 d) 不等形不等量平衡

等形等量平衡也称对称，是均衡中最常见的一种特殊形式，轨道列车对称的外形可增强乘客视觉上和心理上的安定感。在轨道列车外观造型中，对称手法在前围造型设计和侧围造型设计中运用得最为广泛，已经成为轨道列车造型设计中不可替代的铁律。

（1）对称手法在轨道列车前围造型中的应用 在轨道列车的前围造型中，无论是造型传统的庞巴迪SN2001，还是造型奇特的阿尔斯通Citadis 302，它们始终都坚持了对称的前围造型，如图2-22所示。从图中可知，轨道列车前围造型的对称元素主要有前窗、车灯、显示牌、司机室侧窗和面罩等。通过在造型中使用对称手法，以上三种车型的前围部分都取得了较好的视觉平衡，能够体现出一种庄重、严肃的静态美感。

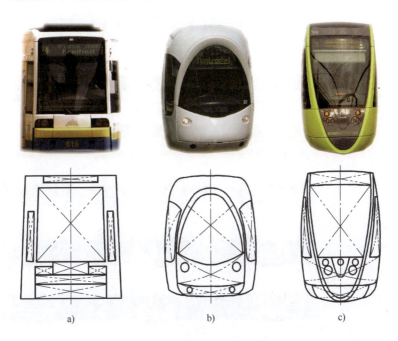

图 2-22 对称手法在前围造型中的应用
a) SN2001　b) 里昂 Citadis 302　c) 兰斯 Citadis 302

（2）对称手法在轨道列车侧面造型中的应用　在轨道列车的侧围造型中，采用对称手法进行造型设计也已形成了规律。就所调研的车辆来看，全部车体都贯彻了中心对称的原则。以图 2-23 所示的斯柯达系列车辆为例，可知轨道列车侧围造型的对称元素主要有车门、侧窗、风挡、转向架、装饰色带和车体等。从图中还可以发现，采用对称造型设计的车体侧围，整体结构符合力学要求，力感明确而稳定，同样能取得较好的视觉平衡，能够体现出一种强烈的静态平衡美。以上事实也印证了美学家朱光潜先生的观点[49]："美的形体无论如何复杂，大概含有一个基本原则，就是平衡和匀称"。

2. 稳定

稳定是指造型物上下之间的轻重关系，能给人一种安全、放心的感觉；在造型设计中，稳定有实际稳定和视觉稳定两种表现：实际稳定是指产品实际质量重心符合稳定条件所达到的稳定，而视觉稳定则指造型物体的外部体量关系要符合视觉上的稳定感[48,50]。稳定的物体，其重心必须在物体支撑面以内，且

斯柯达 03 T

斯柯达 Elektra 06 T

斯柯达 15 T

斯柯达 Elektra 13 T

斯柯达 Elektra 14 T

斯柯达 Elektra 16 T

图 2-23　对称手法在车体侧围造型中的应用

重心越低，越靠近支撑面中心位置，稳定性就越强。作为载人工具，轨道列车需要体现出稳定感和安全感；作为交通工具，则需要体现出速度感和动态感。在车体造型设计时应尽量协调好以上两点，务必要使轨道列车既具有稳定感，同时又具有速度感。

（1）增强轨道列车车体稳定感的方法

1）利用"梯形造型"（钝体形头型）来增强轨道列车的稳定感。为了获得实际上和视觉上的稳定感，轨道列车车体的横截面外轮廓和侧面外轮廓通常都采用梯形或类似于梯形的造型，如图 2-24 所示。梯形底部较宽，向上部逐渐变窄，这样有利于重心位置的下移，可使轨道列车获得更加强烈的稳定感。

2）采用附加或扩大相关部位的方法来增强轨道列车的稳定感。为了获得视觉上的稳定感，轨道列车通常可采用附加或扩大相关部位的方法。以图 2-25 所示的 PESA 122N 为例，通过增加转向架护罩和增大前保险杠体积，该车获得了强烈的视觉稳定感。

3）通过色彩对比来增强轨道列车的稳定感。为了获得视觉上的稳定感，可

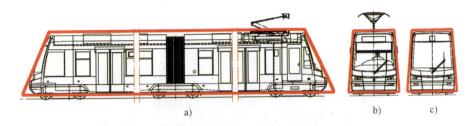

图 2-24 梯形造型在轨道列车中的应用

a)车体侧面视图 b)前视图 c)后视图

采用减少车体上部深色面积,增加车体下部深色面积的方法,或提高车体上部色彩明度,降低车体下部色彩明度的方法。如图 2-26 所示,Combino 车辆就是通过车体上、下两部分蓝色色块的面积对比来获得视觉稳定感的,而 PESA 120N 车辆则是通过车体上部使用浅灰色调,车体下部使用深灰色调来获得视觉稳定感的。

图 2-25 具有强烈视觉稳定感的 PESA 122N

(2)增强轨道列车车体速度感的方法

1)可利用动感造型来增强轨道列车的速度感和动态感。动感造型一般来源于自然世界,如鱼的形状、飞鸟的形状和一些昆虫的形状。人们在平时的生活中发现这些动物的形状具有强烈的动态感和速度感,于是加以总结提炼,得出了几种基本的动态造型,主要有长条梯形、虫形、鱼形、楔形以及这些图形的变形图形等。在轨道列车中,为了使车体能体现出速度感,常使用动

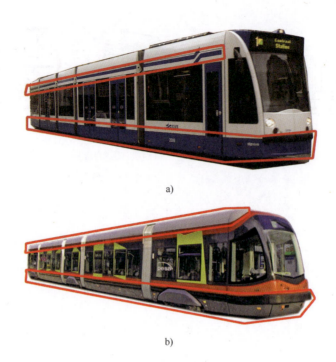

图 2-26 色彩对比的具体应用

a) Combino　b) PESA 120N

感造型（钝体形头型）。由图 2-27 可发现，Citadis 403 侧面外轮廓的前部造型、司机室车窗造型和后视摄像装置造型全部都采用了楔形，而车灯则采用了鱼形。通过使用这些动感造型元素，该车的前部造型体现出了一种强烈的速度感和动态感。

图 2-27 动感造型的具体应用（Citadis 403）

2)可利用装饰图案来增强轨道列车车体的动态感。对于外观造型机械呆板的轨道列车,可在其车体侧面添加具有动感的装饰图案来增强其动态感。装饰图案可仿照旅游客车,采用电脑设计动感图形并制作成不干胶,然后粘贴到车体合适位置即可[51]。图2-28即为采用了动态装饰图案的Tatra RT6N1,车体上的两条绿色动感色带为整车添加了不少的动态感。由于色带两端是对称的,所以还增加了该车车体的视觉平衡感和稳定感。

图2-28 动态装饰图案的具体应用(Tatra RT6N1)

2.3.3 统一与变化

统一与变化是诸多形式美法则中最基本的规律之一,是指导造型设计的一条准绳。统一与变化是相辅相成的,在统一中求变化,造型物会显得形式统一而丰富;在变化中求统一,造型物则会显得形式丰富而不乱。对于轨道列车而言,结构样式、造型风格、材料选择和色彩搭配都离不开统一与变化,车体造型设计就是要在成千上万个零部件中去寻求整体的统一,同时又要在整体的统一中体现出具有个性的美感变化。

1. 统一

统一是指组成事物整体的各个部分之间,具有呼应、关联、秩序和规律性,形成一种一致的或具有一致趋势的规律[52]。统一能增强造型物的整体感,能使各造型形体间显得有理有条、趋于一致,具有治杂、治乱的作用。但是,过度地强调统一会导致造型物显得单调、呆板且毫无生趣。在轨道列车车体造型设计中,应尽可能在车体形式、色彩和质感三个主要方面突出共性,减少差异,使造型各部间内在的美感联系得以加强,从而使轨道列车获得完整统一、美丽协调的整体外观效果。"统一"在轨道列车车体造型中主要体现在外观形式的统一、外观色彩的统一和外观质感的统一。

（1）外观形式的统一　车体的整体线型风格应该统一。车体的线型是指构成车体形体大轮廓的几何线型，车体线型风格则是指这种几何线型的主调或大体趋势。轨道列车要想获得形式上的统一，就应该使车体的整体线型风格趋于一致。图 2-29 所示是两种具有不同线型风格的车辆，其中阿尔斯通 Citadis 402 所使用的线型主调为曲线，属于曲线风格，能够体现出整体造型的优美感；而白俄罗斯 Belkommunmash 公司的 AKSM-743 所使用的线型主调为直线，属于直线风格，能够体现出整体造型的刚劲挺拔感。

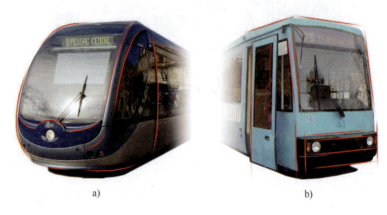

图 2-29　线型风格的统一
a）Citadis 402　b）AKSM-743

相同部件的位置和外形尺寸应该统一。为了获得外观形式的统一，轨道列车的车窗、车门等主要部件的位置和尺寸通常是一致的。如图 2-30 所示，阿尔斯通 Citadis 车辆的所有车窗和车门分别在位置和外形尺寸上都趋于一致，能够形成一种具有高度秩序和视觉连续性的统一感。

（2）外观色彩的统一　通过外观色彩使轨道列车获得统一的整体效果是一种常用且有效的方法。为了获得整体效果的统一，轨道列车车体部分的用色通常都控制在三种以内。通过对包括表 1-5 中的 62 辆现代有轨电车外观进行统计得出：采用一种颜色的列车有 22 辆，采用两种颜色的列车有 27 辆，采用三种及以上数量颜色的列车有 13 辆（车体广告色彩和黑色不做计算）。由此可见，要获得外观色彩的统一，就应该对车体的用色数量进行限制，否则花哨的效果

图 2-30　位置和外形尺寸的统一（Citadis）

会影响车体整体的统一。

（3）外观质感的统一　色彩相同或相近的车体质感能将不同功能和形式的零部件紧密地联系在一起，从而获得高度的视觉统一。以图 2-31 所示的西门子 Avanto 为例，通过在车体前部大面积使用具有相同质感的材质，使具有不同结构和功能的车灯、前窗、电子显示装置等部件紧密地联系在了一起；通过在车体侧面部位大面积使用具有相同质感的材质，同样也使侧窗、车门和风挡几个本毫不相干的部件紧密地联系在了一起，形成了一种高度的视觉统一感，使车体的整体性得到了有效的加强。

图 2-31　质感统一的具体应用（西门子 Avanto）

2. 变化

变化是指在同一物体或环境中，要素与要素之间存在着差异性[50]。变化能克服造型物的呆板和沉闷感，能使造型形体体现出丰富多彩的内容，具有增添差异性新颖元素的功能。统一和变化并不矛盾，造型设计中要坚持在统一的前提下求变化，否则过度的变化会导致造型物整体视觉效果的散杂、零乱。在轨道列车车体造型设计中，利用在统一中求变化的手法可使车体外观形象获得丰富多彩的效果。轨道列车车体造型的变化是建立在统一、完整、协调的基础之上，具体方法主要有以下三种。

（1）通过形状对比使车体获得统一条件下的变化　造型物的形状对比主要表现为形体的线型、方向、直曲、粗细、长短、大小等形体构成与表现的对立性方面[48]。以图 2-32 所示的大连 DL6W 型有轨电车为例，可以发现，该车采用方直线型为主调，属于直线风格。一方面，在这种以方直线型为主调的前提下，通过使用斜线将两边立柱向内"削"的方式使前部变成了梯形，这样就打破了全部为矩形的前围形式，从而获得了统一条件下的变化。另一方面，该车在车灯和前窗玻璃下方融入了少许的圆和圆弧形式，这些与方直主调有着差异性的少量弧线非但没有减弱车体的直线风格，反而增强了车体前围造型的生动性，使该车前围造型取得了统一下的变化。

图 2-32　统一条件下的形式变化（DL6W 型有轨电车）

（2）通过色彩对比使车体获得统一条件下的变化　统一的车体色彩一般不超过三种，这里的颜色是指车体的主体颜色，不包括为了获得统一中的变化而使用的小面积装饰性色彩条纹。轨道列车为了使车体色彩在统一中又具有变化，通常会在车体侧面位置喷涂或粘贴一些与主体色调对比很大的彩色条纹。如图 2-33 所示，阿尔斯通 Citadis 402 车体主体颜色采用的是银灰色，在侧面两条具有渐变趋势的装饰色带的衬托下,车体能够体现出一种动感变化,同时由于色带面积较小,且方向与车体布局一致,所以并没有对车体色彩的统一性起到破坏。

图 2-33　统一条件下的色彩变化（Citadis 402）

（3）通过材质对比使车体获得统一条件下的变化　不同的材质给人的视觉感受往往是不同的,利用材质的这个特性,可以使轨道列车车体局部获得视觉统一下的变化效果。图 2-34 所示为庞巴迪 Flexity Outlook,由于该车前窗玻璃和侧窗的质感一致,所以从视觉上给人的感觉就是两者具有高度的整体性和统一性。但通过仔细观察可以发现,前窗玻璃和侧窗的分界处有区别于玻璃材质

图 2-34　统一条件下的材质变化（Flexity Outlook）

的不透明材料存在，可以体现出统一中丰富的细节变化。

2.3.4 过渡与呼应

在造型设计中，通常由于形体与形体间的结构和外形反差较大，会引起造型物线、面等关系的混乱，从而影响到造型物整体的外观美感。为了消除这种由形体与形体间结构和外形反差而引起的问题，可采用过渡与呼应的方法来解决。在轨道列车车体造型设计中，该方法主要用于处理车体局部间形体与形体的矛盾，以获得视觉上的统一。

过渡是指在造型物的两个不同形状或色彩之间，采用一种既联系二者，又逐渐演变的形式，使他们之间相互协调，取得和谐、统一的造型效果[50]。造型中的过渡主要包括线型过渡、形体过渡、色彩过渡和质感过渡等。过渡具有缓和形式差异，增强整体统一的作用。

呼应是指运用相同或相近似的细部处理手段，使上下、前后或左右不同方位的形体，在相互联系和位置的相互照应中，能取得相互关联的统一感觉，使整体形式能获得和谐的效果[48,50]。呼应具有消除杂乱，增强形体间相互联系的作用。

在造型艺术的形式美中，过渡通常表现为一种运动的过程，而呼应则表现为该运动的结果[52]。过渡是呼应的前提，呼应是过渡的结果，它们之间相互影响，相互补充。没有过渡会使轨道列车车体失去相互呼应的根据，而只有过渡没有呼应则会使轨道列车车体缺乏整体的统一。

一方面，由于结构和功能原因，轨道列车的车体横截面基本一致，车体间的外形并没有太大的反差，所以造型中很少用到过渡，过渡主要用于处理顶面和侧面的转折；另一方面，由于轨道列车用色单一，所以色彩中也很少使用过渡。对于轨道列车来说，过渡主要集中用在端车的头部造型之中。

图2-35 所示为阿尔斯通 Citadis 302，该车在头部造型中多处用到了过渡的造型手法。首先，车体顶部和车体侧面，车体顶部和车体前面，车体前面和车体侧面全部都采用曲线过渡，且半径较大，能体现出柔和的美感，同时也有助于车体整体线型风格的确立；其次，在图中圈定的区域内，通过面与面的过渡，使原本相交的曲面自然地融合到了一起，由于面与面的过渡半径较小，所以细部造型的轮廓线仍然清晰肯定，这既有利于增强面与面之间的相互联系，又有

利于体现造型的细部特征；最后，通过以上过渡手法的处理，轨道列车的前围造型在左右位置、上下位置和前后位置都取得了相互呼应的效果，体现出一种具有统一风格的外观美感。

图2-35 过渡和呼应在车体造型中的具体应用（Citadis 302）

2.4 文化要素

2.4.1 文化概念

"文化"是一个被广泛使用而又暂时没有统一定义的术语，且具有多义性、不确定性和层次性特征[53-54]。首先，文化可分为广义文化观、中义文化观和狭义文化观，其中广义文化观涵盖了人类创造的一切事物，并可分为物质文化和精神文化；中义文化观聚焦于人类的思想及其外化物——制度；狭义文化观则关注人类的思维层面，具体表现为知识、思想、价值和心理等隐性文化形态[55]。从企业文化研究视角可将文化划分为四个层次，即表层的物质文化、浅层的行为文化、中层的制度文化和核心层的理念文化[56]。从文化空间三层结构视角，文化可分为物质层面（表层）、制度层面（中层）和精神层面（深层）[57]。总的来说，文化有助于提升消费者对产品的满意度[58]。

地域文化是指在一定的地域范围（地理空间）内，经过长期发展而积累形成的历史遗存、文化形态、社会习俗、生产生活方式、观念等具有地域特色的诸多文化元素的总和[59-60]。设计是知识的物化，也是人类活动中一项十分重要的内容；现代设计是以知识为基础，以新知识获取为中心，面向市场和用户提供有竞争力的"产品"[61]。同时，现代设计也是现代物质文明和精神文明的统一体，体现着现代文化精神，反映了现代文化的面貌和民族、时代、地域等文化特色，优秀的设计都蕴含着深厚的文化内涵[62]。现代设计涵盖的范围很广，建筑设计、服装设计、工业设计、视觉传达设计、时尚设计以及其他相关服务性设计均被涵盖在内[63]。地域文化有助于推动现代设计产业的发展，目前已经被广泛地应用到了规划设计、建筑和景观设计、交通工具设计、包装设计等现代设计的各个领域。

2.4.2 文化与设计

设计文化（Design Culture）也是一个在世界范围被广泛使用而又暂时没有统一定义的专业术语[64-67]。在我国，涂伟[66]提出，设计是一种人类的文化活动，文化内容包括器物、货品、技术、思想、习惯及价值，设计应重视设计语言作为文化符号的象征意义；李龙生[68-69]认为，设计文化是一种文化类型，是由设计与文化间的交叉与整合形成，融物质文化和精神文化于一炉的器文化就是设计文化；汪瑞霞[67]认为，设计文化是研究（为人造物的）设计、设计者及设计思想的文化；杨先艺[70]认为，设计与文化间是相互联系与影响的，设计是文化的表现形式，文化是设计的基础并能促进现代设计。总之，文化有助于促进设计的创新并满足客户的需求，而且通过设计形成的产品或方案也有助于推动文化的进一步发展。

2.4.3 地域文化构成因子

考虑地域文化与文化间的联系，可将地域文化归纳为物质层面：包括自然风景、建筑文物、动植物、服饰用品、地方特产等；制度层面：包括行为习惯、制度法规、风俗传统、方言文字等；精神层面：包括特定地域的人群心理结构、哲学宗教思想等。本书将地域文化的构成要素划分为以下三个层次：第一层为大类文化构成因子层，包括物质层（外层）因子（C_1）、制度层（中层）因子（C_2）和精神层（内层）因子（C_3）；第二层为细分文化构成因子（C_{11}-C_{3i}），分别是对第一层大类文化构成因子进行的划分;第三层为具体类型的文化构成因子,即地域文化的具体物质和非物质载体(C_{111}-C_{23i}),该层所含因子是对第二层细分文化构成因子的进一步划分。表 2-15 是地域文化的构成要素及其层次划分的详细内容,涵盖了常见的大多数物质和非物质的文化载体。这些文化载体为轨道列车工业设计提供了丰富的文化内涵和设计元素。

表 2-15 地域文化的构成要素及其层次划分

地域文化构成因子(C)	物质层(外层)因子(C_1)	典型自然生态物质(C_{11})	与地理相关的物质(C_{111})
			与气候相关的物质(C_{112})
			动物(C_{113})
			植物(C_{114})
			自然风景(C_{115})
			其他(C_{11i})
		特色历史遗存(C_{12})	古典建筑(C_{121})
			古街道(古镇)(C_{122})
			古文物及民族物品(C_{123})
			古遗址(C_{124})
			古名人载体(C_{125})
			重要历史事件载体(C_{126})
			特色美食(C_{127})
			其他(C_{12i})
		地标设施(C_{13})	地标建筑(C_{131})
			特色街道(C_{132})
			特色景观(小品、雕塑)(C_{133})
			特色设施(C_{134})
			其他(C_{13i})
		特色文创(文化)产品(C_{14})	工艺品(C_{141})
			日用品(C_{142})
			旅游产品(C_{143})
			文书工具(C_{144})
			其他(C_{14i})
		其他(C_{1i})	

（续）

地域文化构成因子（C）	制度层（中层）因子（C_2）	地域民俗（C_{21}）	方言、俚语、俗谚（C_{211}）
			文字（C_{212}）
			服饰装扮（C_{213}）
			饮食习惯（C_{214}）
			民间工艺（C_{215}）
			戏剧、民歌、杂耍、表演（C_{216}）
			婚庆、祭祀、丧葬礼仪（C_{217}）
			节日、庙会（C_{218}）
			其他（C_{21i}）
		地域制度（C_{22}）	地域行政划分（C_{221}）
			地域行为规范（C_{222}）
			地域制度及法规（C_{223}）
			其他（C_{22i}）
		地域内的族群关系（C_{23}）	族群交往（C_{231}）
			族群认同（C_{232}）
			族群喜好与禁忌（C_{233}）
			其他（C_{23i}）
		其他（C_{2i}）	
	精神层（内层）因子（C_3）	地域内的主流观念（C_{31}）	
		地域内的主流宗教（C_{32}）	
		地域内的主流哲学思想（C_{33}）	
		其他（C_{3i}）	

轨道列车工业设计应将文化要素导入各型列车的工业生产体系，对列车的功能、结构、流程、外观、原型等进行整合优化，形成兼具功能属性、美学属性和文化属性的轨道列车设计方案。

参 考 文 献

[1] 我们的火车站. 敞车 棚车 平车 罐车 长大车 守车[EB/OL]. [2019-09-25]. http://www.trainfanz.com/series.aspx? Series=60.

[2] 中车长江车辆有限公司. 产品中心[EB/OL]. [2019-09-25]. http://www.crrcgc.cc/cj/

g3005.aspx.

[3] 赵怀瑞. 车辆工程导论 [M]. 北京：中国铁道出版社，2015.

[4] UIC 505-5 [EB/OL]. [2019-09-25]. https://www.docin.com/p-1743027735.html.

[5] 铁道部标准计量研究所. 标准轨距铁路机车车辆限界：GB 146.1—1983 [S]. 北京：中国标准出版社，1983.

[6] 中华人民共和国建设部标准定额研究所. 地铁限界标准：CJJ/T 96—2018 [S]. 北京：中国建筑工业出版社，2018.

[7] 李永恒. 动车组轻量化内装设计探讨 [J]. 中国铁路，2014（3）：41-44.

[8] 杨萍. 复合材料为列车内饰提供轻量化优势 [J]. 玻璃钢，2012（3）：18.

[9] 贾德民，林东. 高速列车轻量化技术 [J]. 机车电传动，2004（4）：1-2.

[10] 杨建伟，张元. 城市轨道交通车辆工程 [M]. 北京：中国铁道出版社，2015.

[11] 梁习锋，张健. 工业造型和空气动力学在流线型列车外形设计中的应用 [J]. 铁道车辆，2002，40（7）：5-7.

[12] 徐伯初，李洋，等. 轨道交通车辆造型设计 [M]. 北京：科学出版社，2012.

[13] 徐炜旋. 高铁时速有望再翻倍：南车试验605公里/小时列车 [EB/OL]. [2019-09-25]. https://new.qq.com/rain/a/20140117000954.

[14] 田红旗. 中国高速轨道交通空气动力学研究进展及发展思考 [J]. 中国工程科学，2015，17（4）：30-41.

[15] 毛保华，李夏苗. 列车运行计算与设计 [M]. 2版. 北京：人民交通出版社，2013.

[16] 娄云飞. 更高速度列车明线气动阻力形成机理研究 [D]. 兰州：兰州交通大学，2018.

[17] 钱翼稷. 空气动力学 [M]. 北京：北京航空航天大学出版社，2004.

[18] 王勋村. 高速列车会车压力波研究 [J]. 铁道机车车辆，2000（4）：1-3，12.

[19] 冯慧淼. 市域铁路线间距标准研究 [J]. 铁道工程学报，2017（6）：78-82.

[20] 中华人民共和国住房和城乡建设部标准定额研究所. 工程结构设计通用符号标准：GB/T 50132—2014 [S]. 北京：中国标准出版社，1990.

[21] MACKRODT P A, STEINHEUER J, STOFFERS G. Entwicklung aerodynamisch optimaler farmen für das Rad/Schiene-Versuchsfahrzeng Ⅱ [J]. AET, 1980 (35): 67-77.

[22] 张健. 高速列车动车头形风洞试验研究 [J]. 流体力学实验与测量，1997，11（2）：85-89.

[23] 梁习锋，田红旗. 列车气动性能评估参数研究 [J]. 中国铁道科学，2003，24（1）：38-42.

[24] 田红旗，周丹，许平. 列车空气动力性能与流线型头部外形 [J]. 中国铁道科学，

2006，27（3）：47-55.

[25] 徐德新. 城市轨道交通车辆最高运行速度的选择［J］. 铁道工程学报，2008，25（2）：97-99.

[26] WILSON J R, NORRIS B J. Rail human factors：past, present and future［J］. Applied Ergonomics，2005，36（6）：649-660.

[27] Rail Safety and Standards Board（RSSB）. Understanding human factors：a guide for the railway industry［M/OL］.［2019-09-25］. http：//www. rssb. co. uk/library/improving-industry-performance/2008-guide-understanding-human-factors-a-guide-for-the-railway-industry. pdf.

[28] C D 威肯斯，J D 李，刘乙力，等. 人因工程学导论［M］. 张侃，等译. 上海：华东师范大学出版社，2007.

[29] 孙林岩，崔凯，孙林辉. 人因工程［M］. 北京：科学出版社，2011.

[30] 郭伏，钱省三. 人因工程学［M］. 北京：机械工业出版社，2006.

[31] 任金东. 汽车人机工程学［M］. 北京：北京大学出版社，2010.

[32] 丁玉兰. 人机工程学［M］. 4 版. 北京：北京理工大学出版社，2011.

[33] 刘卫华，冯诗愚. 现代人-机-环境系统工程［M］. 北京：北京航空航天大学出版社，2009.

[34] 王保国，王新泉，刘淑艳，等. 安全人机工程学［M］. 北京：机械工业出版社，2007.

[35] Human Factors and Ergonomics Society（HFES）. What Is Human Factors/Ergonomics?［EB/OL］.［2019-09-25］. http：//www. hfes. org/about-hfes/what-is-human-factorsergonomics.

[36] 高淑霞. 国外人-机-环境系统工程学发展概况［J］. 系统工程与电子技术，1988（10）：65-70.

[37] 王立刚，袁修干，杨春信. 人-机-环境系统设计中人的性能研究［J］. 北京航空航天大学学报，1997，23（5）：535-539.

[38] 陈信，龙升照. 历史文献：人-机-环境系统工程（学）概论［C］//第五届全国人-机-环境系统工程学术会议论文集. 北京：海洋出版社，2001：7-11.

[39] 陈信，龙升照. 人-机-环境系统的总体分析方法［J］. 自然杂志，1985，8（3）：181-187.

[40] 黄关庆，左毅，庞志兵，等. 防空兵人-机-环境系统工程发展综述［C］//中国系统工程学会. 第五届全国人-机-环境系统工程学术会议论文集. 2001：456-462.

[41] KOLENC J. Research problems and approaches in Transportation Ergonomics［J］. Promet Traffic-Traffico，1999，11（4）：215-219.

[42] 郭北苑. 高速列车驾驶界面人因适配性设计理论于方法研究［D］. 北京：北京交通大学，2010.

[43] VREDENBURG K, MAO J Y, SMITH P W, et al. A survey of user-centered design practice ［C］//Proceedings of the SIGCHI conference on Human factors in computing systems. ACM，2002：471-478.

[44] ZHOU R G, HUANG S S, QIN X G, et al. A survey of user-centered design practice in China ［C］//IEEE. IEEE International Conference on Systems, Man and Cybernetics. 2008：1885-1889.

[45] SHEPHERD A. Hierarchical task analysis ［M］. London：Taylor and Francis，2000.

[46] VICENTE K J. Cognitive work analysis：toward safe, productive, and healthy computer-based work ［M］. Boca Raton：CRC Press，1999.

[47] 顾建华，张占国. 美学与美育词典 ［M］. 北京：学苑出版社，1999.

[48] 高敏，谢庆森. 工业艺术造型设计 ［M］. 北京：机械工业出版社，1992.

[49] 和丕壮. 桥梁美学 ［M］. 北京：人民交通出版社，1999.

[50] 庞志成，于惠力，陈世家. 工业造型设计 ［M］. 哈尔滨：哈尔滨工业大学出版社，1995.

[51] 李念陆，张炳荣. 欧洲客车掠影 ［J］. 陕西汽车，1997（1）：38-44，46.

[52] 王惠军. 汽车造型设计 ［M］. 北京：国防工业出版社，2007.

[53] GOZDE, GONCU BERK. A framework for designing in cross-cultural contexts：Culture-centered design process ［D/OL］. Minnesota：University of Minnesota，2013［2019-09-25］. http://purl.umn.edu/155725.

[54] ASANO K, YAMAZAKI K. Design approach for culture-centered design ［C/OL］//Japanese Society for the Science of Design. The 61st Annual Conference of JSSD. Tokoyo，2014［2019-09-25］. https://doi.org/10.11247/jssd.61.0_151.（2014）.

[55] 刘作翔. 从文化概念到法律文化概念——"法律文化"：一个新文化概念的取得及其"合法性"［J］. 法律科学：西北政法学院学报，1998，86（2）：10-19.

[56] 黎群. 企业文化建设100问 ［M］. 北京：经济科学出版社，2004.

[57] 何星亮. 复兴中华民族必须加强精神层面的现代化建设 ［J］. 思想政治工作研究，2014（7）：12-16.

[58] CHAI C L, BAO D F, SUN L Y, et al. The relative effects of different dimensions of traditional cultural elements on customer product satisfaction ［J］. International Journal of Industrial Ergonomics，2015，48（6）：77-88.

[59] 徐伯初，王超，向泽锐. 考虑地域文化的城市公共交通系统形象研究［J］. 美术观察，2014（8）：130-131.

[60] 朱万曙. 地域文化与中国文学——以徽州文化为例［J］. 中国人民大学学报，2014，28（4）：25-32.

[61] 谢友柏. 现代设计理论和方法的研究［J］. 机械工程学报，2004，40（4）：1-9.

[62] 王平. 文化及其价值在现代设计中的体现［J］. 装饰，2004（12）：71.

[63] 束霞平. 地域文化的现代性转换——江南城市文化资源设计产业转化策略［J］. 南京艺术学院学报（美术与设计版），2017（5）：129-134.

[64] MANZINI E. Design culture and dialogic design［J］. Design Issues，2016，32（1）：52-59.

[65] JULIER G. From design culture to design activism［J］. Design and Culture，2013，5（2）：215-236.

[66] 涂伟. 设计文化的意义［J］. 南京艺术学院学报（美术与设计版），2006（3）：134-135.

[67] 汪瑞霞. 在文化的语境中解读设计——设计文化学研究新视野［J］. 南京艺术学院学报（美术与设计版），2012（1）：73-76.

[68] 李龙生. 中国古代设计文化的美学意蕴［J］. 装饰，2002（1）：54-55.

[69] 李龙生. 设计文化的价值及其文化传播［J］. 装饰，2005（8）：7-8.

[70] 杨先艺. 论设计文化［J］. 装饰，2003（1）：38-39.

第 3 章 轨道列车工业设计技术

3.1 计算机辅助设计与评估工具

轨道列车在设计过程中涉及的计算机辅助设计与评估工具包括计算机辅助造型设计软件、计算机辅助人因仿真评估软件、计算机辅助气动性能分析软件。其中，设计师借助计算机辅助造型设计软件，能够快速直观地将设计元素和美学理念转换成可视化方案；人因评估研究人员能够借助计算机辅助人因仿真评估软件快速有效地对设计方案的人因适配性能进行评估；空气动力学研究人员能够借助计算机辅助气动性能分析软件快速地评估设计方案气动性能的优劣。

常用的计算机辅助造型设计软件有用于二维辅助设计的 AutoCAD、Adobe Illustrator、Adobe Photoshop、Adobe Indesign、Coreldraw 等；有用于三维辅助设计的 3DS MAX、Solidworks、Rhinoceros、Alias、CATIA、Siemens NX 和 PTC Creo Parametric 等；有用于三维效果图或动画渲染的 Mental Ray、V-Ray、Brazil、Maxwell、RenderMan 和 KeyShot 等。常用的计算机辅助气动性能分析软件主要有 ANSYS（包括 FLUENT、CFX 和 ICEM CFD 等）、STAR-CCM+ 和 CFD-FASTRAN 等。用来进行人因仿真分析的虚拟人应用软件已经发展经历了四代[1-2]：第一代为静态系统，包括波音公司开发的 Boeman，以及类似的系统 Ergobim、Crewstation Geometry Evaluator 和 Combiman 等；第二代为运动学系统，主要包括 Safework、Sammie、Car Model 和 Man 3D 等；第三代为动力学系统，

代表性系统为 Jack、Ramsis、Humanoid 和 Maneken 等；第四代为智能动力学系统，主要包括 Digital Biomechanics、Endorphin、MRE 和 Santos 原型系统等。目前上述三类软件已被广泛应用于轨道列车的设计研发。

3.2 外观设计技术

3.2.1 造型设计

1. 车体造型设计的关键要素

列车车体外形的纵向对称面型线（纵剖面投影线）和最大轮廓线（外轮廓水平面投影线）是决定列车外观造型的两条最基本的特征线，且变化集中在端车的司机室车体部分[3-4]，轨道列车车体造型设计的重点应该是基于我国轨道交通相关标准及技术条件（见表2-5）、总体设计要求，聚焦于列车的端车头型设计、车体造型设计及列车造型设计技术与方法研究。图 3-1 所示为轨道列车车体外观造型简化模型，该模型既能够反映列车车体外形的纵向对称面型线和最大轮廓线，又能反映列车车体的横截面形态。

2. 端车头型设计

（1）头部长度 L_1 轨道列车的端车长度由头部长度 L_1 与剩余部分车体的长度 L_2 组成，我国对除了悬挂式列车外的其余类型列车端车的车体长度 L 均有规定。尽管细长的头部有助于减阻降噪和流线型造型的设计[3-4]，但 L_1 取值过大会直接导致端车的载客空间减少。目前高速列车的 L_1 已经达到 22m（见表2-8），高速磁浮列车的 L_1 取值宜为 $6\sim7$m[5]，地铁列车的取值可不超过 3m[4]，有轨电车的取值一般不超过 1.95m。其余类型列车的取值可参考上述数据，并结合列车的最高运行速度、司机室内部空间需求和载客空间需求综合考虑后确定。

（2）纵向对称面型线前端角 α 和前窗倾角 β 头部外形的纵向对称面型线可简化成由图 3-1 中的顶点 a、鼻锥顶点 b、导流点 c、底部最低点 d 和其他相关关键点有序围合成的闭合线条；前端角 α 能够反映端车头部的基本形态，可简化为由 a、b、c 有序围合成的一个角度；前窗倾角 β 也直接关系到头车的气

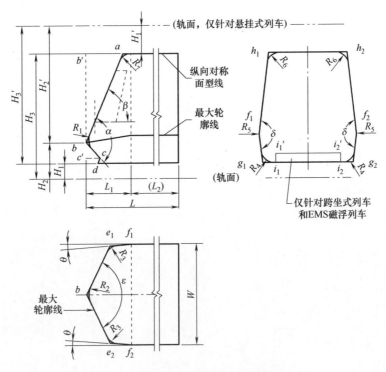

图 3-1 轨道列车车体外观造型简化模型

动性能、美观程度和司机视野范围[3-4],同时在造型上也直接影响到纵向对称面型线中 a-b 或 b-c 之间的形态。

现有各型轨道列车在实际设计中,均将前端角 α 设计成有助于使纵向对称面型线中 a-b 或 b-c 之间形成一条或多条直线或圆弧平滑过渡的曲线形态。图 3-2 所示为三种基本的轨道列车头部外形纵向对称面型线。在具体设计中,运行速度 120km/h 及以上的轨道列车应将端车头型设计与空气动力学结合起来,端车头部宜设计成流线型(通常 α 值接近 90°,β 值可小至 48°)以降低车头阻力和气动噪声[4-5],其头部外形纵向对称面型线符合图 3-2 中的基本型 1(图 3-1 中 R_1 和 R_7 取值通常较大);时速 100km/h 及以下的轨道列车造型呈多样化,多数端车的 α≥90°,β 值通常≤90°,但少数会略大于 90°,图 3-2 中的基本型 1 和基本型 2(图 3-1 中 R_1 和 R_7 取值通常较小)均适用于该速度级别的轨道列车;由于悬挂式列车使用环境的不同,多数端车的 α 和 β 值均≥90°(图 3-1 中的 b 点最大可上移至 b' 处,c 点最大可前移至 c' 处),形态多为图 3-2 中的基本型 3

（图3-1中R_1和R_7取值通常较小），甚至连俄罗斯有轨电车Russia One（见表1-5）的端车也采用了该颠覆性的形态。

前窗采用平面、柱面（单曲面）或三维曲面玻璃也会直接影响端车头型外观，前窗倾角较小的流线型头型（见图3-2中的基本型1）宜采用工艺复杂的三维曲面玻璃；前窗倾角接近或≥90°的头型（见图3-2中的基本型2和基本型3）宜采用更为经济的平面玻璃或柱面玻璃[3]；端车前窗玻璃的外形尺寸及面积都呈越来越大的发展趋势。

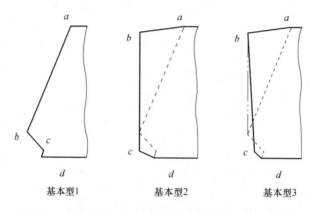

图3-2 三种基本的轨道列车头部外形纵向对称面型线

（3）端车底部和顶部距轨面高度H_1、H_1' 对于悬挂式列车，H_1'反映的是端车顶部与轨面间的距离；对于其余类型的轨道列车，H_1反映的是端车底部与轨面间的距离。H_1和H_1'的取值既影响列车的整体视觉效果，又影响车体下部和上部设备受气流的冲击大小。轨道列车端车的该值应在满足车限要求及安全间隙的前提下尽可能小，地铁列车的该值可为$0.2\mathrm{m}$[4]。

（4）最大轮廓线前端角ε和侧墙倾角θ 轨道列车头部外形的最大轮廓线可简化成由图3-1中的f_1、e_1、b、e_2、f_2和其他相关关键点有序围合成的线条，其形态也与列车的造型和气动性能密切相关[4]。头部外形的最大轮廓线前端角ε可简化为由e_1、b、e_2构成的一个角度；司机室侧墙与车体侧墙倾角θ为图3-1中e_1-f_1或e_2-f_2内倾的角度，ε和θ均能够反映端车流线型程度的高低。通常在满足司机室内部功能空间和视野的要求下，采用图3-2中基本型1的流线型轨道列车，f_1、e_1、b、e_2、f_2有序围合成的轮廓趋于一条过渡光滑的组合圆弧曲线，且θ值一般小于10°，ε通常为钝角，图3-1中R_2和R_3取值一般较大；采用图3-2中基本型2和基本型3的轨道列车，这5个关键点有序围合成的轮廓则趋于一条在e_1和e_2处转折明显的线条，且θ值通常接近4°，ε接近或等于180°，图3-1中R_2取值通常较大，R_3取值通常较小。

(5) 车体横截面形状及侧墙夹角δ 轨道列车的车体在横截面上投影的外形最大轮廓线也与列车的气动性能和外观有直接关系。图3-1中，轨道列车的车体可简化为由h_1、f_1、g_1、g_2、f_2、h_2有序围合成的线条，其中h_1、f_1、g_1和h_2、f_2、g_2分别构成了车体左侧和右侧的侧墙形状，δ就是车体侧墙h_1-f_1和f_1-g_1或h_2-f_2和f_2-g_2所构成的夹角。按照该角度的不同，轨道列车车体可分为三种基本造型形态：当δ为明显的钝角且R_5值较小，则构成鼓形车体（侧墙为鼓形），如图3-3所示的基本型1；当δ为180°，则构成平面车体（侧墙为直线形），如图3-3所示的基本型2；当δ为钝角且R_5值特别大，则构成弧形车体（侧墙为弧形），如图3-3所示的基本型3。由于跨坐式列车和EMS磁浮列车结构较为特别，因此这两种车型的车体下部还会存在"内凹"的形态，i_1、i_1'、i_2、i_2'取值应根据具体技术要求进行选择。通常弧形车体适合头部长度L_1取值较大的流线型造型列车，而鼓形车体和直线形车体适合头部长度L_1取值较小的钝头造型列车。f_1和f_2宜在满足车内空间和车体限界要求的前提下，尽可能靠近车体底部，这样有助于提高车体的视觉稳定感。

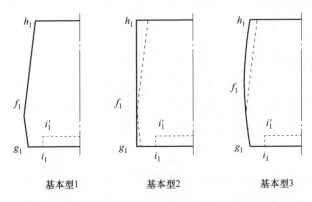

图3-3 三种基本的轨道列车车体外形横截面型线

(6) 关键参数对造型的总体影响 在端车最大宽度W和高度H_3、H_3'确定的条件下，当端车头部长度L_1值越大，头部外形的纵向对称面型线前端角α、前窗倾角β、鼻锥高度H_2（但H_2'增大）和头部外形的最大轮廓线前端角ε的值总体上越小，且端车头部造型的流线型程度总体趋势越高；当 L_1 值越小，则 α、β、H_2 和 ε 的值总体上越大，头部造型总体上短而钝。

3. 端车司机室车体后部及中车车体设计

列车车厢间如为贯通设计，车体与车体需通过风挡连接，通常长度为 500～800mm。车体的造型要素包括车体基本尺寸、车体横截面形状、车门和侧窗的尺寸及布置和典型车辆编组。

（1）车体基本尺寸　轨道列车的端车和中车车体外形应满足相关标准所规定或推荐的车体基本尺寸范围（见表 2-6）。

（2）车体横截面形状　端车和中车车体的最大横截面形状应符合车体在横截面上投影的外形最大轮廓线，且保持一致。

（3）车门和侧窗的尺寸及布置　轨道列车的端车和中车车门尺寸及单侧车门数量应符合我国相关标准的规定（见表 2-6）。据调研发现，地铁列车和其他最高运行速度大于 100km/h 的轨道列车车体对气密性和侧墙刚度要求较高，通常侧窗面积相对较小，主要用于采光和满足旅客观光；最高运行速度小于 100km/h 的地面或高架轨道列车通常采用面积相对较大的侧窗，从而有助于提升旅客观光的视野范围和采光量。

（4）典型车辆编组　由于每种不同的轨道列车在车体结构方面有着较大的区别，因此列车的车辆编组呈多样性。轨道列车的典型车辆编组方式应符合我国相关标准规定（见表 2-6）。

3.2.2　涂装设计

轨道列车车体涂装设计就是在考虑车体材料、涂装工艺及相关标准或技术规范的前提下，充分考虑旅客心理感受和线路环境，通过设计使列车具有良好的安全性、可识别性、视觉美感、文化认同感，甚至满足商业广告传播的需要[6-7]。车体涂装设计主要包括车体色彩设计、车体色彩装饰设计、车体商业广告。

1. 车体色彩设计

轨道列车的车体色彩是在综合多种因素的基础上所制定出来的色彩配置方案，对提高车辆的外观质量、可识别性以及视觉美感都具有重要的作用[8]。色调是指一组色彩配置的总的倾向，是车体色彩设计的关键。车体的色调通常由一组色彩中面积占绝对优势的色彩来决定，这一占有绝对优势的色彩称为主调色或主体色，其余颜色则称为辅助色。色调的种类繁多，按色性可分为冷调和暖调；按明度可分为明调、中调和暗调等；按色相可分为红调、橙调、黄调、绿调、蓝调、白调、灰调、黑调等。轨道列车车体色彩的主调色宜清晰明亮，易于识别；辅助色宜鲜艳夺目，对比明显，益于装饰。此外，不同的色调能给人不同的心理感受，配色时应结合产品自身的特点来进行合理的选择。

（1）主调色　以现代有轨电车为例，车体的主调色大都采用单一色彩，这样有利于体现现代有轨电车简洁、统一的整体效果。其中，以白色居多，银灰色次之，黄、绿、蓝位居其后。因为使用环境、使用民族以及使用年代的不同，所以少数现代有轨电车的车体色彩还使用了米黄、品红以及紫灰等颜色。少部分车体的主调色也采用两种色彩，这样有利于色彩搭配形式的多样化，能够体现现代有轨电车明快、活跃的色彩视觉效果。其中，以蓝+白的配色方案居多，而绿色+白色、橙色+白色、银灰色+白色、红色+灰色、蓝色+银灰色、绿色+灰色等配色方案虽然有使用案例，但数量较少。双色配色方式一般是对车体上、下进行平均分色，所以对车体色彩的整体感有一定的影响，故在设计时须仔细推敲，谨慎选择。

（2）辅助色　绝大多数现代有轨电车车体都使用了辅助色，这样有利于使产品在统一的色调下有更多丰富的色彩，能够增强车体的色彩变化。大部分现代有轨电车采用的都是单一的辅助色彩。其中，灰色的使用频率最高，蓝色次之，红色居第三，白色、黄色居第四，绿色及其他色彩也有使用，但使用频率较低。

2. 车体色彩装饰设计

为了改善车体原有结构的形象表现，同时也为了补充和完善某些外观造型上的不足和缺陷，满足乘客对车辆外观的视觉审美要求，需要对轨道列车进行色彩装饰设计。轨道列车的色彩装饰方法主要有三种：

（1）区域色彩装饰　区域色彩装饰可理解为色彩面装饰，是指借助色彩对车体局部区域进行美化装饰和润色，使原本零散的某些部件或区域能够获得具有高度视觉整体感的一种方法。这种方法在轨道列车的前窗、侧窗和车门等区域使用最为广泛。西门子 GT8ZR 通过在车体前窗、侧窗和车门等区域使用橙色进行装饰，使该车原本分散的前窗、所有侧窗和车门固定车窗获得了高度统一的视觉效果,大大提高了车体的视觉美感度(见图3-4a)。

(2)色带装饰 色带装饰可理解为色彩线条装饰,具体是指借助细长的色带对车体进行装饰,使原本统一的车体色彩能够获得局部变化的一种方法。这种方法在轨道列车的侧围位置使用最为广泛。阿尔斯通 Citadis 402 在侧窗的上部位置设置了一条蓝色的装饰色带;在侧窗的下部位置设置了一条两端为红色,中间为蓝色的装饰色带(见图3-4b)。两条装饰色带相互呼应,既有利于加强侧窗外形的整体感,又有利于体现该车统一色彩下的局部变化。水平布置的色带对加强车体动态感和连续感有明显的效果,因此轨道列车车体的装饰色带宜采用水平线条,不适合采用垂直线条。

(3)图形装饰 图形装饰可理解为色彩点装饰,具体是指通过使用某些抽象的图形对车体进行装饰,使原本统一的车体色彩能够获得点缀变化的一种方法。这种方法可应用于轨道列车车体的各个部分。阿尔斯通 Citadis 401 全身都使用了具有装饰性的飞燕图形,这样就使得该车能够在统一的蓝色主调中显示出一些细节上的色彩变化,对车体具有显著的点缀和装饰作用(见图3-4 c)。此外,在使用图形对轨道列车车体进行装饰的时候,图形的具体形式可根据需要来进行设计,而图形的色彩则应与车体主调色有较明显的对比,一般可选用主调色的补色或对比色。

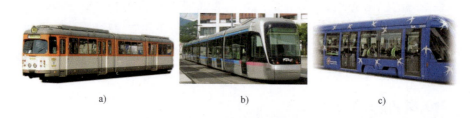

图3-4 车体色彩装饰效果

a)区域色彩装饰(GT8ZR) b)色带装饰(Citadis 402) c)图形装饰(Citadis 401)

3. 车体商业广告

车体广告是一种流动性的户外媒体,具有覆盖面广、效率高、时效性强等优点。轨道列车作为公共交通工具,每天与旅客有大量的直接接触,加上运行过程中与人们的间接接触,轨道列车每天都会受到很大数量人群的注意。为了充分利用轨道列车与人群之间的高接触率和流动运营的特点,同时也为了降低列车运营的费用，减少政府和乘客的经济负担，部分列车车体上加装了商业广告。轨道列车车体商业广告在各型城市轨道列车上使用较多，且主要有以下两种形式：

（1）整车广告　整车广告是指车体广告占用了整个车体大部分外表面积，并将车体原有色彩全部或大部分覆盖，广告色彩及内容直接表现为轨道列车车体外观效果的一种广告形式，如图3-5a所示。从图中可知，在对轨道列车进行整车广告设计的时候，一方面要使广告色彩不会影响到车辆正常的安全识别；另一方面还要保持车窗的通透性，不应影响司机及乘客的正常视野范围。

（2）局部广告　局部广告是指车体广告只占用了车辆的部分外表面积，广告色彩及内容对车体原有色彩并不构成大的影响，车体色彩仍然是决定轨道列车车体外观效果的一种广告形式，如图3-5b所示。从图中可知，在对轨道列车进行局部广告设计的时候，除了要保持车窗的通透性，尽量不影响司机及乘客的正常视野范围外，还应使车体广告与车体主调色之间有一定的色彩对比，尽量使广告色彩具有强烈的视觉冲击力。

图3-5　车体商业广告

a) 整车广告　b) 局部广告

轨道列车车体涂装设计宜优先选择能够反映目标国家、城市或线路文化特征的单一主调色，且主调色应易于识别，常用的有白色、银灰色、黄色、绿色和蓝色，少数采用了红色、紫色等色彩；宜优先选择主调色的补色或对比色作为辅助色，且辅助色应为单一辅助色，益于装饰，常用的有灰色、蓝色、红色、白色、黄色和绿色，辅助色的形式可为色块、色带或图形；采用大面积的色块涂装有助于侧窗、车门等相对分散的细部在视觉上形成统一，采用色带有助于增强列车各车厢之间的视觉联系和统一，采用抽象或具象的图形则可在统一的色彩中添加细节变化，增添装饰美感。

3.3 内室设计技术

轨道列车的车内环境主要由司机室车内驾驶界面[9]（司机室人机环境界面）和客室车内旅客界面[10]（客室人机环境界面）构成，我国目前的相关研究就是紧密围绕这两大环境界面来开展。在车内驾驶界面设计方面侧重从人因安全角度进行研究，而在车内旅客界面设计方面则侧重从舒适宜人、美观和文化角度进行研究。

3.3.1 司机室车内驾驶界面设计

尽管我国部分轨道列车已经实现自动驾驶，但相关标准及技术条件（见表2-5）提出在紧急或特殊情况下仍然需要采用司机人工驾驶，因此车内驾驶界面的设计和评估都应以司机为中心，用以保证驾驶的安全性，提高操作的有效性，保障司机的职业健康。UIC 651—2002[11]对机车司机室设计有详细规定，但轨道列车种类较多，司机室空间差异较大，线路差异较大，信号不统一，当前国内外均没有专门的标准文件对各型轨道列车的司机室车内空间、信号（灯）视野要求、侧窗逃生、座椅及操纵台设计等内容进行统一规定。目前与轨道列车司机室车内驾驶界面设计相关的研究主要有：

（1）以司机为中心的驾驶界面设计研究 在我国铁路领域，除 TB/T 3091—2019《铁路机车车辆驾驶人员健康检查规范》[12]规定铁路机车司机身高应≥160cm 外，并无其他特殊要求。司机生理特点、座椅、操纵台、任务共同决定了司机的坐姿[9]，司机的典型人机尺寸可参考表 2-11 和表 2-12。文献

[13] 提出座椅水平距操纵台为 368mm、脚踏板高度为 250mm 时对司机损伤最小。文献 [14] 基于司机作业任务提出了一种适用于操纵台人机界面布局优化设计的模型，可用于指导操纵台操控器件、显示屏和指示灯的布局设计。为提高显示信息的识别效率，驾驶界面的色彩设计可参阅文献 [15]；为降低眩光对司机作业的影响，设计时可参阅文献 [16]。

（2）司机室人机适配评估研究　工业设计位于产品研发的前期阶段，为了节省研发费用、缩短研发周期，目前轨道列车常采用人因（人机）仿真分析方法来评估设计方案（三维数字模型）人因问题的合理性，内容包括司机室人-椅-操纵台的人机适配仿真、单司机上/下肢可达域仿真、信号（灯）视野仿真（司机坐姿驾驶的视域分析）、侧窗逃生仿真（出口通过性分析）等[17]。我国轨道交通领域人因仿真分析常使用的工具有 JACK、RAMSIS、CATIA 和 IC.IDO 等[17-19]。然而，我国尚未发布各型轨道列车人机评估的依据，目前在进行人机适配分析时仅有 UIC 651—2002[11]、GB/T 6769—2016[20]、GB/T 5914.1—2015[21]、TB 3264—2011[22] 可供参阅，逃生侧窗尺寸可参阅 GB 5914.2—2000[23] 和 EN 45545-4[24]，机车和高速列车的信号视野仿真可参阅 UIC 651—2002[11]（适用于出口型车）和 GB/T 5914.1—2015[21]（适用于国内线路使用车型），城市轨道列车的信号视野仿真分析目前则无可供参考的标准（我国企业对地铁提出的该项要求可参阅文献 [18]）。

3.3.2　旅客界面设计

轨道列车客室是为搭乘列车的旅客专门设置的搭乘功能空间，因此车内旅客界面的设计和评估都应以旅客为中心，用以保证旅客在乘车过程中能够体验到安全、舒适、宜人、美观、文化认同等积极正面的综合感受[25]。目前与轨道列车客室车内旅客界面设计相关的研究主要有：

（1）客室席位布局设计研究　轨道列车通常会提供卧席、座席或立席中的一种或两种供旅客乘车使用。其中，高速列车商务车通常采用 1＋2 的座椅排布，一等车通常采用 2＋2 的座椅排布，二等车通常采用 2＋3 的座椅排布；高速磁浮列车通常提供横向布置的座席；地铁列车一般提供纵向布置的座席和由立杆、横杆或吊环拉手等构成的立席；中低速磁浮列车、有轨电车、轻轨列车、自动导向轨道列车和单轨车通常提供横向布置的座席和由立杆、横杆或吊环拉手等构成的立席，但极少数车型也提供少量纵向布置的座席。座席和立席的设置数量直接影响到客室席位的布局设计，文献［26］规定我国立席密度应为 6 人/m^2，文献［27］提出了一种无辅助抓握件的扶手布置方案供设计参考。

（2）客室内关键功能设备及环境设计　提供座席的座椅和提供立席的立杆、横杆或吊环拉手是轨道列车客室的关键功能设备，直接关系着旅客乘车过程的安全、舒适和宜人感受体验。对于纵向排布的座椅设计可参阅文献［28-29］，横向排布的座椅设计可参阅文献［30-31］，吊环拉手的设计可参阅文献［32］，立杆间距及直径、横杆直径及高度、抓位数等设计可参阅文献［27］，通用设计（无障碍设计）与评估可参阅文献［33-36］。此外，具有文化氛围的客室内环境色彩设计可参阅文献［37］，考虑我国旅客情感诉求的客室灯光设计可参阅文献［38］。

3.4　通用车厢设计

（1）设计特点　以投入商业运营的 ICE1、TGV、AGV 和 Railjet 为代表的欧洲国家铁路动车组列车通用车厢（我国也称无障碍车厢）的设计特点如下。

1）德国的 ICE1 动车组运行于汉堡到慕尼黑间的铁路线上。列车总长度为 358m，编组情况为 2 节端车 + 10 节客车。在 1 号客车内设置有轮椅席位 2 处，无障碍厕所（通用厕所）1 处。ICE1 动车组车内无障碍环境如图 3-6 所示。

图 3-6　ICE1 动车组车内无障碍环境

ICE1 动车组的侧门进门处与站台间约有 250mm 的间隙，且列车门口设有两步台阶，轮椅使用者无法自行进入，需借助专用升降设备才能够安全进入车内。列车侧门明确地标注有车厢号、无障碍标识、婴儿护理台使用标识。侧门宽度约 1000mm，高为 1900mm，进门口两侧设有竖直设计的安全抓杆。ICE1 动车组的轮椅席位设置在车厢端部的侧门口位置，面积约为 2000mm×1500mm。旁边设有两处可折叠座椅，平时处于折叠收起状态，如无行动不便旅客使用该区域，将其向前展开即可供普通旅客乘坐，能够节约空间，提高使用效率。该车型的轮椅席位周围张贴有醒目的无障碍标识，但未设有专门用于固定轮椅的设备或附件。ICE1 动车组的无障碍厕所空间较为宽敞，面积大约为 2000mm×1800mm，它的坐便器、取纸盒、紧急呼叫装置、专用安全抓杆等集中设置在进门的左侧，而清洁设施则设置在右侧，中间空间较为宽敞，便于轮椅位置的调整。厕所内设有充电设施，设计十分人性化。在推拉门的进门口左侧墙壁上设有婴儿护理台，平时折叠收起在侧墙上，使用时向前展开即可，其左上方设有使用标识和使用说明。进门的右侧设置有衣帽钩，高度约为 1800mm，仅适合普通旅客使用。

2）行驶于法国与意大利之间的 TGV 动车组，编组情况为 2 节端车 +8 节客车。3 个轮椅席位和 1 个无障碍厕所集中设置在 1 号客车内，另外还分散设置有 32 个优先座位。TGV 动车组车内无障碍环境如图 3-7 所示。TGV 动车组的第 1 节车厢内专门设有无障碍乘坐区域，轮椅使用者需要借助专用设备才能进入。经测量，侧门宽度约为 900mm，高度约为 1900mm。TGV 动车组的无障碍区域设置在车厢的端部，轮椅使用者虽不能通过车厢内的通道，但在端部即可完成所有正常的乘车服务。轮椅席位设置在正对排布的两组座椅中间，该区域未设置有固定轮椅的专用设备，车内靠近窗户的部分设计有抽拉式桌板和照明板。轮椅席位周围未设有无障碍标识。TGV 动车组无障碍厕所内的设计很注重细节，内部张贴有无障碍标识；坐便器的设计造型很独特，坐便器一侧上方设有婴儿护理台，平时折叠收拢在侧墙上，使用时向前拉开即可；坐便器的另一侧后上方设有两种高度的衣帽钩，能够方便普通旅客和轮椅使用者挂放物件。安全抓杆为大红色，其色彩与厕所内整体环境对比强烈，易于识别。TGV 动车组除 1 号车厢、4 号车厢和 7 号车厢外，每个车厢均设置有 4~6 个优先座位，该车型的无障碍厕所设计较为紧凑合理。

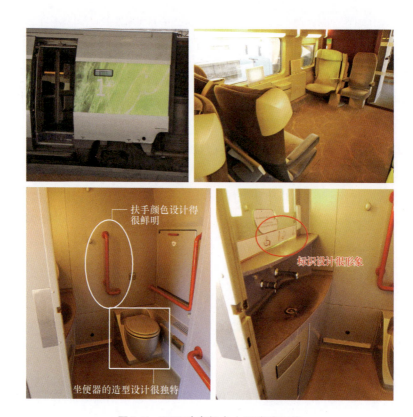

图 3-7 TGV 动车组车内无障碍环境

3)意大利国内运营的 AGV 动车组,全长 201m,编组情况为 2 节端车 + 9 节客车。在 8 号客车内集中设置有 2 个轮椅席位和 1 个无障碍厕所,另外还分散设置有 46 个优先座位。AGV 动车组车内无障碍环境如图 3-8 所示。AGV 动车组侧门入口设置有电子显示屏,实时显示有车厢编号、座位情况以及是否是通用车厢等信息。通用车厢的进门空间宽约为 900mm,高约 1900mm。一等车厢均采用 2 + 1 的排布方式,中间通道的宽度约为 700mm;二等车厢采用 2 + 2 的排布方式,中间通道宽度约为 600mm。一、二等车厢过道均未考虑轮椅通过。AGV 高速动车组第 8 节车厢的进门位置侧设有无障碍厕所,其隔壁设有轮椅席位。轮椅席位处的侧墙上张贴有醒目的无障碍标识,其端墙上设有 2 个折叠座椅,在没有行动不便旅客使用该区域的情况下,可将座椅展开后供普通旅客使用。经测量,轮椅席位的面积约为 1700mm × 1200mm(座椅收起状态)。该区域未设置任何用于固定轮椅的装置或附件,未绘制有轮椅席位的专用区域警示

图 3-8 AGV 动车组车内无障碍环境

线。AGV 动车组除 7 号车厢和 11 号车厢外,每个车厢均设置有 2~8 个优先座位。无障碍厕所设置在车厢侧门与轮椅席位之间,面积约为 1800mm×1500mm,靠近过道的侧墙为弧形,能够在满足轮椅使用回转半径要求的前提下,节约端部过道空间。该无障碍厕所设有电动门,厕所内设有控制门开启、关闭、反锁的按钮,洗漱池,残疾人专用坐便器,充电器,紧急呼叫装置,婴儿护理台和一些辅助安全抓杆等。颜色配色以黄色为主要色调,黑色为辅助色,具有较强的警示提醒的效果。

4) Railjet 动车组是奥地利铁路公司的高端运营线路,主要服务于布达佩斯—维也纳—慕尼黑和维也纳—萨尔茨堡—因斯布鲁克—布雷根茨/维也纳的线路中。该动车组总长为 204.8m,编组情况为 1 节端车 + 7 节客车。Railjet 动车组车内无障碍环境如图 3-9 所示。在 1 号客车内集中设置了 2 个轮椅席位。Railjet 动车组的通用车厢侧门口设有车厢编号、无障碍符号等信息。车厢进门口设有台阶,台阶处设置有醒目的黄色警示线;两侧设有竖直安置的不锈钢安全抓杆。侧门宽度约为 1000mm,高度约为 2000mm,残疾人上下车需要借助专用辅助工具才能完成。车内的电动开启端门最大开启宽度约为 950mm,端门处有足够大的空间能够保证轮椅顺利通行。Railjet 动车组的无障碍乘坐区域设有 2 个并排

109

图 3-9　Railjet 动车组车内无障碍环境

布置的轮椅席位，每个轮椅席位的面积约为 1500mm×1000mm。轮椅席位的两端设有陪护座椅，隔墙上设有明显的无障碍标识和紧急呼叫装置，离地板面约 700mm 高处设置有横向安全抓杆，长度为 1000mm。Railjet 动车组的无障碍厕所设置在车厢侧门与轮椅席位之间，面积约为 2000mm×1500mm，靠近过道的一边为圆弧形。无障碍厕所的标志设置在厕所门口，易于识别；厕所内部设有安全抓杆、紧急呼叫装置、婴儿护理台等设施。

（2）通用车厢基本设置　应在通用车厢两侧墙的外面设置醒目的车厢编号、信息符号、无障碍标志、婴儿服务标志，所有标志宜集中设置在通用车厢的两侧门上。同一条运营线路的通用车厢编号宜统一、固定，并靠近无障碍电梯出入口。通用车厢应设有无障碍侧门（左右对称设置）、无障碍通道、无障碍乘坐区域（轮椅席位与优先座位）和无障碍厕所。

通用车厢外边缘与站台边缘的间隙，以及站台面与车厢地板面间的高差，应符合具体线路的限界要求，并应尽量减小高差和间隙；侧门出入口的地板面或开启状态的导板上边缘与站台边缘高差应不大于 15mm[35]，因此按照图 3-10（调研发现国内手动轮椅和部分电动轮椅多采用 6 寸（1 寸 = 33.3mm）、7 寸和 8 寸三种规格的小前轮，因此选择小规格的 6 寸轮计算更合理）可以推算出其间隙应控制在 105.4mm 及以内（宜采用可调尺寸）；结合我国电动轮椅越沟性能测试要求[39]，宜将间隙尺寸设置为不超过 100mm。如果轮椅小前轮直径小于 ϕ200mm，则宜采用拖行或倒退行进的方式越障。

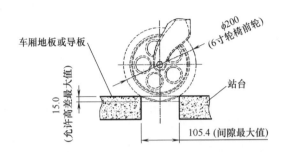

图 3-10　车厢地板或导板开启后与站台的间隙距离推算图示

应根据运营线路的站台实际情况，考虑是否在通用车厢设置导板。若运营线路未设有专用上下车辅助装置，且轮椅无法直接驶入，则通用车厢两侧门底部应设置导板。导板的设计宜参考文献［40］执行。

单节通用车厢应具备完整的无障碍流线。应满足行动不便旅客在单节通用车厢内，能够完成从"上车→无障碍乘坐区域→无障碍厕所→无障碍乘坐区域→下车"这一完整的活动路线。无障碍流线宜尽可能集中，相互间距离、路径不宜跨越过长。在无障碍流线上的两侧门之间、无障碍厕所门前、无障碍厕所内宜设有直径不小于 ϕ1500mm 的轮椅回转空间。

就餐等特殊服务应通过乘务人员或护理人员帮助实现，轮椅使用者不宜乘坐轮椅穿越单节或多列车厢；无障碍乘坐区域应设有用于求助的紧急呼叫装置。

（3）车内无障碍区域平面布置　轮椅席位、优先座位、无障碍厕所应集中布置在无障碍客车侧门出入口周围；轮椅席位和优先座位宜紧邻布置；无障碍厕所门应设置在靠近轮椅席位的位置，坐便器应远离厕所门布置。当侧门位于通用车厢的端部位置，轮椅席位、优先座位、无障碍厕所宜集中布置在进侧门后，远离车厢端部的一侧。当侧门位于通用车厢的中部或远离端部位置时，轮椅席位、优先座位、无障碍厕所宜集中布置在进侧门后的两侧。

（4）车门　无障碍流线上的所有车门如为玻璃门，且透明面积超过 75%，应设置醒目的提示标志；宜在车门的宽度方向设置至少 2 条宽 100mm 以上的彩带；上边彩带宜设置在离地板面高 1500~2000mm 的位置，下边彩带宜设置在离地板面高 850~1000mm 的位置[35]。无障碍流线上的所有车内门宜采用自动拉门，不宜采用弹簧门。无障碍流线上的所有车门开启后的通行净宽度宜不小于 950mm，净高度不应小于 1900mm；开启状态的电动拉门应保持处于最大开度。无障碍流线上的所有车门把手、按钮应设置在离地板面高 389~1354mm 范围内，高位以高（900±100）mm 为宜，低位以（420±30）mm 为宜；按钮宜具有视觉（符合提示）、听觉（声音提示）和触觉（盲文）识别功能。无障碍流线上所有车门的底部滑槽、门槛不应高（低）于车厢地板面 15mm；滑槽、门槛两外侧应倒斜角，且斜角宜小于 45°；滑槽宜隐藏设置在车厢地板面下方，槽宽应小于 15mm[35]；滑槽、门槛外形不得有尖角锐棱。无障碍流线上的所有车门，宜在门扇内（外）留有直径不小于 ϕ1500mm 的轮椅回转空间。无障碍客车车厢的车门入口处台阶或导轨宽度不应小于车门的宽度，车厢侧门两侧宜设置有竖直安置的安全抓杆。

（5）车内过道　无障碍流线上的过道上不得设置扶手、拉杆等障碍物，地面应平整、防滑，过道应有足够的照明和采光。无障碍流线上的过道凹槽、孔洞宽度宜不大于 15mm[35]。无障碍流线上的过道宽度以不小于 950mm 为宜。无障碍流线旁边的墙上、立柱上，不得有尖角锐棱状物件探出。车内过道的地板面间如有高度差，则应设置过渡斜坡，且坡度不大于 8%[40]。

（6）轮椅席位　列车基本编组为 8 节或少于 8 节车厢时，应设置不少于 1 处轮椅席位；列车基本编组大于 8 节车厢时，应设置不少于 2 处轮椅席位。

轮椅席位的地面应平整、防滑，不能占用车内过道；轮椅席位占车厢内面积宜不小于 800mm×1300mm；宜用醒目颜色的虚线绘制出轮椅席位的有效使用范围。轮椅席位的最大使用范围与正对的座椅宜有不小于 300mm 的安全空间距离；轮椅席位的最大使用范围与背对的座椅宜有不小于 200mm 的安全空间距离[35]；轮椅席位宜设置成与列车行驶方向一致或相反；旁边或附近宜设置不少于 1 处陪护席位。轮椅席位的周围应设置醒目、识别性强的无障碍标志；应在车厢内壁上设置轮椅固定绑带或其他形式的约束限位装置，应保证轮椅（处于制动状态）及其使用者能够在高速列车开行过程中稳定、安全地乘坐使用。轮椅席位靠车厢壁一侧应设置色彩醒目的横向安全抓杆或扶手，长度宜为 1000mm，离地板面高度宜为 600~650mm。轮椅席位旁边宜设置折叠座椅；未使用时，该座椅应处于折叠收拢状态，且折叠收拢后不能占用轮椅席位的空间；

在该席位无轮椅使用者使用的情况下,普通旅客可打开折叠座椅使用。

轮椅席位的周围应设置至少1处紧急呼叫装置,其控制按钮的位置应设置在轮椅使用者上肢的可及范围内,低位以(420±30)mm为宜,高位以(900±100)mm为宜;按钮宜采用内陷凹入式设计方式,以防止误触、误碰操作;按钮宜采用醒目的警示色作为背景并加入字符"SOS",其旁边应设有使用说明。宜在轮椅席位背后(轮椅大车轮可能触及的位置),离地板面高度200~600mm范围内[35]的隔墙上安装长条缓冲护板,防止轮椅车轮划伤隔墙。

(7)优先座位 整列车应设置优先座位,且数量应不少于列车总席位的5%。优先座位应设置在靠近车厢侧门出入口和过道的地方,宜集中布置在一起;可采用单向排布,也可采用双向排布;双向排布的优先座椅间的桌板宜设置成可折叠形式。优先座位旁边或附近应设置醒目的老、幼、孕、残专用标志。靠近过道的优先座椅外侧应安装可上下翻转的活动扶手;靠近隔墙的优先座椅内侧应设置固定扶手。应根据车厢的等级来确定优先座椅的尺寸,优先座椅与普通座椅的尺寸可以一致;优先座椅的坐垫面上方,距离地板面不小于1680mm的空间范围内[35]应为自由空间,不应设置障碍物件。单向排布的优先座椅前部应有不小于230mm的自由空间;双向排布的座椅,坐垫前端面之间应有不小于600mm的自由空间;双向排布且中间设有桌板的座椅,坐垫前端面与各自相邻的桌板边缘之间应有不小于230mm的自由空间[35]。

(8)无障碍厕所 车厢内的无障碍厕所应设置有厕所门、残疾人专用坐便器、安全抓杆、冲水按钮、置物台、低位洗手盆、婴儿护理台、镜子、紧急呼叫装置、高(低)位衣物挂钩、卫生纸盒、坐便器纸垫盒、废物箱。无障碍厕所内的地板面应平整、防滑、不积水。无障碍厕所的平面布置图可设置成带圆弧的异形形状,要便于过道通行方便、快捷。无障碍厕所进门口应设置直径不小于ϕ1500mm的轮椅回转空间,空间内不得设有障碍物;残疾人专用坐便器应远离门口布置。无障碍厕所内面积宜不小于2000mm×1500mm。无障碍厕所内部宜留有ϕ1500mm的轮椅回转空间,空间内不得设有障碍物。

无障碍厕所门上应设置醒目的无障碍标志。无障碍厕所门开启后的净宽度宜不小于950mm,以1000~1200mm为佳;把手、按钮(高位)应设置在离地板面高(900±100)mm为宜,低位按钮以(420±30)mm为宜;各种按钮宜具有视觉识别和触觉识别功能。当采用平开门时,应设置把手和门外可紧急开启的门锁；门扇向外或向内开启后，应在门内、外均留有直径不小于 $\phi1500mm$ 的轮椅回转空间。当采用电动拉门时，门的外侧应设置开启、关闭按钮；门内侧，且为轮椅进入厕所后的转弯内侧，应设置开启、关闭和锁止按钮；当电动拉门开启后，应在门内、外均留有直径不小于 $\phi1500mm$ 的轮椅回转空间。门的按钮宜采用手控（高位，便于普通旅客使用）+ 脚控（低位，便于护理人员在搀扶时使用）的控制方式。宜将触觉、听觉、视觉信息同时融入按钮对应的功能中。当遇到紧急呼救情况时，乘务员应能在门外使用紧急开启门锁来开启无障碍厕所门。

(9) 专用坐便器及其周围物件　在无障碍厕所专用坐便器周围，轮椅使用者上肢的可及范围内，应设置有安全抓杆、紧急呼叫装置、冲水按钮、卫生纸盒、坐便器纸垫盒、废物箱；也宜将置物台、洗手盆一起设置在专用坐便器周围。宜选用适合我国人体尺寸的无障碍专用坐便器；宜采用感应式冲水方式。无障碍厕所专用坐便器两侧应设置颜色鲜艳醒目的安全抓杆，直径应为 $\phi30\sim40mm$，以 $\phi35mm$ 为宜；一侧应设置高 $600\sim700mm$，长度宜不小于 $700mm$ 的水平抓杆；另一侧应设置高 $1200mm$，长度宜不小于 $500mm$ 的垂直抓杆；宜采用可水平、垂直两用的可折叠式抓杆；抓杆之间的距离宜设置为 $650\sim750mm$，抓杆与隔墙间应有不小于 $40mm$ 的自由空间，抓杆的折弯半径应不小于 $R50mm$[35]。

无障碍厕所专用坐便器周围宜设置两处紧急呼叫装置；一处应设置在上肢可及范围内的高处位置，离地板面高 $900mm\pm100mm$ 为宜；另一处应设置在上肢可及范围内的低处位置，离地板面高 $420mm\pm30mm$ 为宜；两处紧急呼叫装置不宜设置在同一垂直线上；按钮宜采用醒目的警示色作为背景并加入字符"SOS"，其旁边应设有使用说明。冲水按钮应设置在专用坐便器两侧的前方（用户正常使用时面朝的正方向），使用者上肢的可及范围内，高度宜为 $500\sim1000mm$ 的范围内；冲水按钮旁边应设置醒目的提示标志。卫生纸盒、坐便器纸垫盒应集中设置在专用坐便器的一侧，出口高度宜为 $600\sim800mm$。废物箱应设置在专用坐便器两侧的前方，周围应设置醒目的提示标志；垃圾口应设置在使用者上肢的可及范围内，高度宜为 $400\sim500mm$。置物台高度宜为 $800mm$，深度宜为 $350mm\pm50mm$，长度宜不小于 $700mm$。洗手盆高度宜为 $800mm$，宜采用感应式或杠杆式水龙头；在其下部应设有 $600\sim700mm$ 高，不小于 $300mm$ 深的容膝空间；应在水龙头的附近设置醒目的提示标志，并对水源性质做出说明；洗手盆周围应提供洗手液，并设置提醒标志。洗手盆上方宜设置镜子，镜子的下边框离地板面高度宜为1000mm；镜子宜向下倾斜，与隔墙的夹角宜为9°~15°。低位衣物挂钩宜设置在离地板面1000~1200mm的高度，以设置在专用坐便器两侧的前方（用户正常使用时面朝的正方向）为宜。宜采用折叠式婴儿护理台，宜将其嵌入设置在隔墙上；婴儿护理台在使用时，宜以长度方向正对使用者，且正前方应有不小于500mm的站立操作空间；婴儿护理台使用台面离地板面高度应为800~1000mm，以800~850mm为宜；婴儿护理台长度应为500~700mm，以700mm为宜；宽度应为500~560mm[35]。婴儿护理台上应设置醒目的提示标志和使用说明。

（10）无障碍区域的布局建议方案　侧门位于通用车厢端部位置的布局方案如图3-11所示；侧门远离端部位置的布局方案如图3-12所示；侧门位于通用车厢中部（单侧布置）的布局方案如图3-13所示；侧门位于通用车厢中部（两侧布置）的布局方案如图3-14所示。

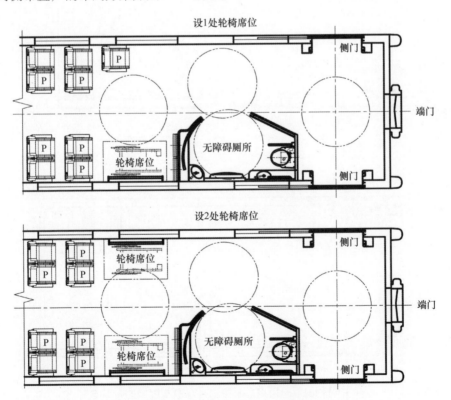

图3-11　侧门位于通用车厢端部位置的布局方案

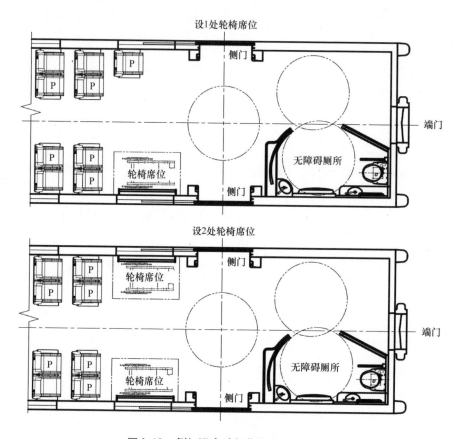

图3-12 侧门远离端部位置的布局方案

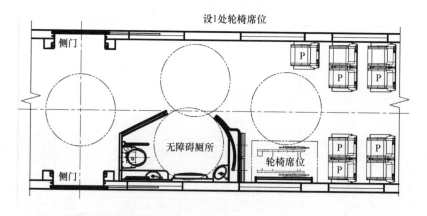

图3-13 侧门位于通用车厢中部(单侧布置)的布局方案

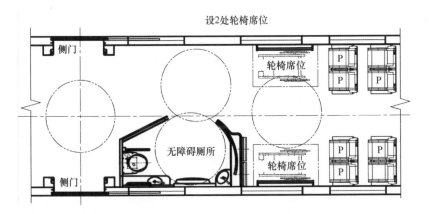

图 3-13 侧门位于通用车厢中部（单侧布置）的布局方案（续）

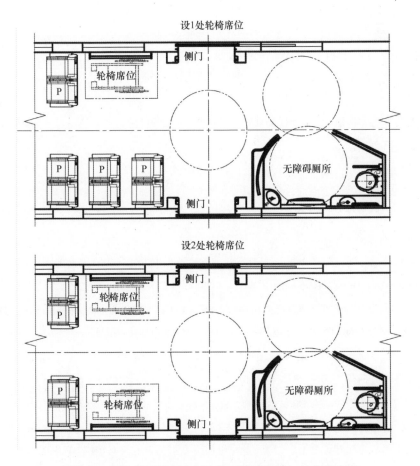

图 3-14 侧门位于通用车厢中部（两侧布置）的布局方案

参考文献

[1] 王宏伟,周前祥.虚拟人体系统建模应用综述[C]//2007年中国控制与决策学术年会论文集.无锡,2007:345-347.

[2] 李石磊,梁加红,吴冰,等.虚拟人运动生成与控制技术综述[J].系统仿真学报,2011,23(9):1758-1771.

[3] 梁习锋,张健.工业造型和空气动力学在流线型列车外形设计中的应用[J].铁道车辆,2002,40(7):5-7.

[4] 张建润,周立,孙庆鸿,等.地铁列车车头绕流场的仿真计算与分析[J].铁道机车车辆,2008,28(2):43-47.

[5] 姚曙光,许平.国产磁浮列车外形气动性能分析[J].铁道机车车辆,2007(3):33-34,69.

[6] 薛克仲.城市轨道车辆车体材料选择[J].城市轨道交通研究,2003,6(1):14-19.

[7] 秦泗吉,钟扬志,羊祥云,等.Q6W-2型低地板轻轨车车体钢结构的研制[J].铁道车辆,2004,42(11):23-26.

[8] 支锦亦.基于视觉感知特性的列车车内色彩环境舒适性研究[D].成都:西南交通大学,2012.

[9] 郭北苑.高速列车驾驶界面人因适配性设计理论与方法研究[D].北京:北京交通大学,2010.

[10] 向泽锐.基于轮椅使用者乘车能力的高速列车旅客界面优化设计研究[D].成都:西南交通大学,2016.

[11] International Union of Railways. Layout of Drivers Cabs in Locomotives Rail Cars Multipleunit Trains and Driving Trailers:UIC 651—2002[S].Paris:UIC,2002.

[12] 中国铁道科学研究院集团有限公司节能环保劳卫研究所.铁路机车车辆驾驶人员健康检查规范:TB/T 3091—2019[S].北京:中国铁道出版社,2019.

[13] 姚曙光,邢艺,邓雯苑,等.列车司机室操控台系统结构和布局参数的优化设计[J].中国铁道科学,2016,37(4):102-107.

[14] 陈德钧,方卫宁,秦永贞,等.轨道车辆司机操纵台人机界面布局优化模型与算法[J].铁道学报,2014(11):40-47.

[15] 郭孜政,李永建,马国忠,等.动车组控制界面色彩匹配对识别效率的影响[J].铁道学报,2012,34(2):27-31.

[16] 谷绪地,方卫宁,李东波,等.动车组列车司机室照明反射眩光分析及照明方案设计

[J]. 照明工程学报, 2017, 28 (1): 83-88.

[17] XIANG Z R, ZHI J Y, HUANG J H, et al. A systematic approach for streamlined head form design and evaluation of Chinese high-speed train [J]. International Journal of Rail Transportation, 2019, 7 (2): 117-139.

[18] 姜良奎, 胡华鑫. 基于CATIA的地铁列车司机室人机工程仿真试验分析 [J]. 现代城市轨道交通, 2017 (5): 12-15.

[19] 高楠, 贺白涛, 王金霞. 基于IC. IDO的司机室人机工程学设计 [J]. 电力机车与城轨车辆, 2016 (2): 11-16.

[20] 国家铁路局. 机车司机室布置规则: GB/T 6769—2016 [S]. 北京: 中国标准出版社, 2016.

[21] 南车株洲电力机车研究所有限公司. 机车司机室 第1部分: 瞭望条件: GB/T 5914.1—2015 [S]. 北京: 中国标准出版社, 2015.

[22] 铁道行业内燃机车标准化技术委员会. 动车司机座椅: TB/T 3264—2011 [S]. 北京: 中国铁道出版社, 2011.

[23] 铁道部株洲电力机车研究所. 机车司机室前窗、侧窗及其他窗的配置: GB 5914.2—2000 [S]. 北京: 中国标准出版社, 2000.

[24] CEN-CENELEC Management Centre. Railway Applications-Fire Protection of Railway Vehicles-Part 4: Fire Safety Requirements of Railway Rolling Stock Design: EN 45545-4 [S]. Brussels: CEN-CENELEC, 2013.

[25] 向泽锐, 徐伯初, 支锦亦. 中国高速列车工业设计研究综述与展望 [J]. 铁道学报, 2013, 35 (12): 9-18.

[26] 中华人民共和国住房和城乡建设部标准定额研究所. 地铁设计规范: GB 50157—2013 [S]. 北京: 中国建筑工业出版社, 2013.

[27] 姜良奎, 向泽锐, 刘峰. 无辅助抓握件地铁车内扶手布置设计研究 [J]. 包装工程, 2017, 38 (2): 15-20.

[28] 孙丽萍, 王立国. 地铁车辆内装设计人机工程学分析 [J]. 大连交通大学学报, 2010, 31 (2): 15-19.

[29] 李淑俊, 张克姝. 地铁车辆座椅人体接触面分析及设计优化 [J]. 电力机车与城轨车辆, 2013, 36 (5): 15-18.

[30] 李娟. 高速列车乘客座椅工业设计中的"人-椅"关系 [M]. 北京: 中国纺织出版社, 2019.

[31] 赖林, 熊霓, 皇莉莉. 地铁车辆横排座椅宽度的设计方法 [J]. 铁道车辆, 2018, 56

(8)：13-15.

[32] 吴霞，饶润南，李鹏飞. 地铁吊环拉手的人机关系研究［J］. 电力机车与城轨车辆，2013，36（3）：74-76.

[33] 国家铁路局. 铁道客车及动车组无障碍设施通用技术条件：GB/T 37333—2019［S］. 北京：中国标准出版社，2019.

[34] International Union of Railways. Indications for the layout of coaches suitable for conveying disabled passengers in their wheelchairs：UIC 565-3-2003［S］. Paris：UIC，2003.

[35] Commission of the European Communities. Concerning the technical specification of interoperability relating to "Persons with reduced mobility" in the trans-European conventional and high-speed rail system：2008/164/EC［S］. Brussels：Official Journal of the European Union，2008.

[36] XIANG Z R，ZHI J Y，DONG S Y，et al. The impacts of ergonomics/human Factors of wheelchair/user combinations on effective barrier-free environments design：A case study of the Chinese universal rail coach layout［J］. International Journal of Industrial Ergonomics，2018，67（9）：229-241.

[37] 徐笑非，沈中伟，向泽锐，等. 基于自然色彩系统的高速列车内室色彩设计研究［J］. 机械设计，2017，34（9）：119-123.

[38] 陈讯，戴端. 地铁内饰中的灯光设计研究［J］. 包装工程，2017（2）：170-174.

[39] 全国残疾人康复和专用设备标准化技术委员会. 电动轮椅车：GB/T 12996—2012［S］. 北京：中国标准出版社，2012.

[40] 建设部城镇建设标准技术归口单位中国城市建设研究院. 无障碍低地板、低入口城市客车技术要求：CJ/T 207—2005［S］. 北京：中国标准出版社，2005.

第 4 章 轨道列车设计程序与方法

端车的流线型部分不仅关系到列车的气动性能,还直接影响着列车的整体外形,因此列车头型是轨道列车工业设计研究的重点。由于列车的中车主要用于载客或运货,其外形主要由列车的车体横截面决定,因此造型的自由度相对较小。

4.1 轨道列车设计方法

4.1.1 设计程序

轨道列车端车的头型设计是工业设计的重点,其设计程序通常可分为四个主要阶段:设计准备→创意设计→计算机辅助外观设计与气动性能仿真分析(时速 100km/h 及以下车型可不进行气动性能仿真分析)→计算机辅助内室设计与人因仿真分析,如图 4-1 所示。

(1) 设计准备 第一阶段是设计的前期准备,主要是为后期设计做一些必要的准备性工作,包括:

1) 确定设计对象。
2) 确定设计依据。
3) 确定关键尺寸及参数。
4) 建立设计组。

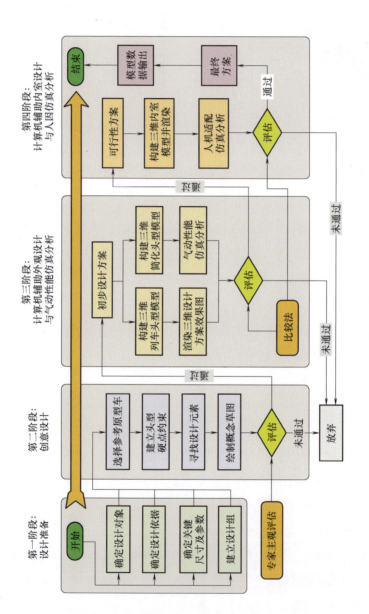

图 4-1 列车头型设计程序

（2）创意设计　第二阶段是方案创意设计，主要是按照第一阶段确定的内容，对确定的对象进行初步设计构思，以快捷的手绘表现方式将灵感创意记录下来，形成基本的用于概括设计对象的视觉形态，包括：

1）选择参考原型车。

2）构建头型硬点约束（Package Constraints）。

3）寻找设计元素。

4）绘制概念草图。

5）评估草图方案。

6）确定初步设计方案。

（3）计算机辅助外观设计与气动性能仿真分析　第三阶段是建立设计方案的外观三维数字模型，利用计算机对设计方案进行气动性能仿真分析，目的是确保设计方案的可行性，包括：

1）构建三维列车头型模型。

2）渲染三维设计方案效果图。

3）构建三维简化头型模型。

4）气动性能仿真分析。

5）评估设计方案优劣。

6）确定具有可行性的设计方案。

（4）计算机辅助内室设计与人因仿真分析　第四阶段是建立设计方案的内室三维数字模型，利用计算机对设计方案进行人因仿真分析，目的是进一步确保设计方案的可行性，包括：

1）构建三维内室模型并渲染。

2）分析方案的人机适配关系。

3）进一步评估设计方案优劣。

4）确定最终的设计方案。

5）模型数据输出。

4.1.2　实施程序

（1）前期准备　当参与某个型号列车的头型设计工作时，设计方和邀请方应一起协商处理一系列设计前的问题，包括一些基本的技术问题和设计相关的问题（如应明确车体外轮廓及其基本尺寸，应规定车头流线型特征部分长度的上下限值，应规定端部车辆的最大长度，应规定车内地板面高度，应明确车钩中心线距离轨面高度，应明确司机室内的操纵台、司机座椅、电气柜的主要外形尺寸等）。因为这些问题是建立设计约束的依据，也是后期设计活动能够得以顺利开展的保证。

首先，按照速度等级来确定设计对象。目前列车运行速度可初步划分为500km/h（高速磁浮列车）、350km/h（CRH380系列、CR400系列高速列车）、250km/h（CRH2、CRH3、CRH5等）、200km/h（CRH1和CRH6等）、120km/h、100km/h、80km/h（最后三种主要是各型城市轨道列车）。

其次，宜拟制一份较为详细的《列车头型设计技术要求》，内容主要包括设计参考的标准、轨距、相关重要的设计参数和一些其他具体的要求。其他一些重要的设计要求或信息也宜准确地在《列车头型设计技术要求》中被记录，如具体形式、风格和色彩等。

最后，根据上述确认的初步信息，有针对性地选择工业设计师、机械工程师、空气动力学研究人员和人因学研究人员组成一个多学科相融合的协同设计组。其中，工业设计师的主要任务是进行列车的车头造型设计，而机械工程师则主要是评估设计方案的可制造加工性，空气动力学研究人员主要是评估设计方案的气动性能，人因学研究人员主要是协助设计司机室方案并对其进行评估。

(2) 确定原型车　列车的研制是建立在一些现有技术基础之上的，为了降低生产成本和缩短研发时间，列车新方案中的许多零部件（如司机室操纵台、司机座椅、电器设备、控制器等）都可能直接采用现有的成熟产品。因此在进行新的列车设计时，宜选择一款速度等级相同的现有车型作为原型车。特别是高速列车的设计，车头很多参数需要参考原型车，相关气动性能也以原型车作为评价标准。注意，该程序并非必要程序。

(3) 确定设计硬点　Tovey[1]用"Package（架构）"来描述汽车设计中的相关约束条件，并将其视为造型设计不可逾越的"硬点（Hard Points）"。列车的头型设计和汽车一样，仍然存在着许多约束和硬点，图4-2所示为列车头型设计的架构约束。

在这些约束项中，车体最大横截面（Sectional Profile）决定了列车车头的最大高度和最大宽度，鼻锥顶点（Top of Nosecone）位置决定了列车的车头长度。

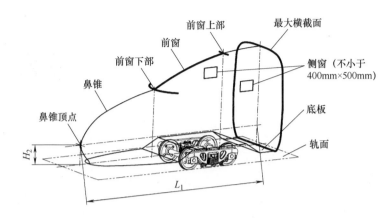

图 4-2 列车头型设计的架构约束

与图 3-1 中对应项一致，H_2 是鼻锥顶点距离轨面的高度，也是影响列车气动性能和造型的重要因素。从已有高速列车来看，H_2 的取值为 0~1000mm。L_1 是鼻锥顶点到车体最大横截面的距离，它决定着列车的长细比，直接影响着列车的气动性能，具体可见式（2-2）。

（4）设计元素　轨道列车是一种公共交通工具，体现着一个国家在科技、文化、经济等多方面的综合实力。一个国家或地区的列车，应该像其建筑一样，既能够体现出较好的功能价值，同时又能体现出美学和文化价值。为了使列车头型能够体现出我国特色或使用城市的地域特色，宜将设计元素的寻找焦点放在我国著名的建筑、服饰、动物、器物、文物以及其他人造物方面。仿生设计[2]能够非常好地平衡列车的功能与形式问题，是一种比较有效的方法。可将所搜集的各种设计元素进行视觉符号提炼后，直接通过仿生设计的方法将其融入后期的设计创意中。针对如何寻找元素、提取和转换元素，后面将着重介绍一种具有地域文化的轨道列车设计方法。

（5）设计草图　设计草图是以速写的形式，迅速捕捉构思形象，运用透视和结构素描原理及色彩原理，简练而快速地表现产品形象构思的基本图样（见图 4-3）。Tovey[3]总结了草图在汽车设计中的作用，并指出草图是描述设计灵感和设计理念的语言。在列车头型概念设计过程中，草图具有以下两个重要的作用：第一，用于推敲列车的整体形态、各细部形态，以及整体与各细部形态间的关系；第二，用于描述并传递设计灵感和设计理念。应将确定的设计元素进行抽象变形，结合列车形态和基本约束，以草图的方式来快速表现列车的形态，从而形成能够体现设计元素特征的轨道列车设计草图方案。

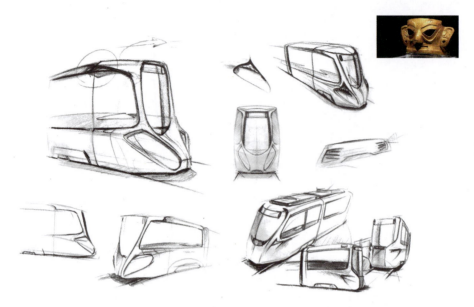

图 4-3　一款反映三星堆人面像形态特征的列车设计草图

（6）草图方案评估　对草图方案进行评估和筛选是设计过程中的一个重要步骤，其目的是要从众多的设计草图方案中选择出具有审美价值和文化内涵的初步设计方案。目前用于产品造型设计评价的方法有两类：一类是经验评估法[4]，另一类是数学评估法[5-7]。轨道列车草图方案评审通常由领域专家基于自己的经验来评估确定（见图4-4），专家根据自己的经验将一些具有可制造性、美学价值和文化内涵突出的设计方案筛选出来，并确定为列车的初步设计方案。

图 4-4　依靠专家经验评估设计方案现场

(7) 外观设计与气动性能评估 计算机辅助设计（Computer Aided Design，CAD）[8]是一种能够有效提高设计效率的方法，为了验证所确认的列车初步设计方案是否既具有美观外形又具有良好的空气动力学特性，需要对设计方案进行计算机辅助外观设计和计算机辅助气动性能评估。

1）计算机辅助外观设计。计算机辅助外观设计是在创意方案确定之后，采用计算机辅助设计的方法来进一步推敲和表现设计方案，包括基本外形结构、造型、色彩、图案、材质等要素。通过计算机辅助设计获得的外观设计方案能够模拟列车的真实形态、涂装和质感，可以比较全面地反映列车车头的各种造型信息，因此是用于方案评价的重要内容。

常用的三维建模软件有 3DS MAX、Cinema 4D、Rhinoceros、Alias Studio Tools 等。Alias Studio Tools 是一个集手绘与三维建模模块为一体的软件，应用较为广泛（注意，在该阶段，计算机辅助外观设计通常不会使用 Solidworks、CATIA、Siemens NX 和 PTC Creo Parametric 等工程软件）。常用的渲染软件有 V-Ray、Brazil、Maxwell、RenderMan 和 KeyShot 等。计算机辅助外观设计的流程如下：

第一步，根据前期确认的各项参数和草图方案的造型线建立三面视图（前视图、侧视图、俯视图，比例1:1）。

第二步，选择一款三维建模软件（软件本身没有好坏，选自己能够熟练操作的即可），将建立好的三面视图分别导入到软件中，然后分别建立每个设计方案的三维模型。

第三步，选择一款适合的渲染软件，将建立好的三维模型导入到软件中，然后分别对每个设计方案赋材质、设置场景、设置灯光等，渲染并生成忠于设计草图和整体基本尺寸约束的外观设计方案效果图。此外，为了使设计方案效果图具有一些特效或需要加入一些设计说明，通常还需要采用 Adobe Photoshop 或其他平面软件进行优化处理。

图 4-5 所示是一个经过渲染处理后的高速列车外观设计方案效果图，它能够比较完整地表达出"飞马"设计元素、整体及各细部造型和涂装等设计特征。

2）计算机辅助气动性能评估（Computer-aided Aerodynamics Evaluation）。在此阶段，所有设计方案的实体特征均未最终确定，因此不具备采用风洞试验[9]来评估设计方案气动性能的可能。为了分析并确认各设计方案气动性能的

图 4-5　一款高速列车外观设计方案

优劣，有效可行的方法是通过计算机对设计方案进行气动性能仿真分析。目前多采用 ANSYS 进行高速列车空气动力学仿真分析，其流程是：

第一步，选择一款合适的三维建模软件，建立所有设计方案的三维简化模型（1:1），并将模型转换成 IGES 格式文件。

第二步，将获得的 IGES 文件导入 ICEM CFD system 并进行网格划分，然后将划分好的三维网格模型输出成 UNS 文件。

第三步，将获得的 UNS 文件导入 FLUENT system，然后计算各列车设计方案作为头车的阻力和升力，以及作为尾车的阻力和升力。

第四步，对计算结果进行后期处理，获取需要的压力分布图。

现有列车气动性能仿真的研究中[10-12]，通常仅以 1 辆头车+1 辆中车+1 辆尾车模型来进行气动性能仿真分析。以 CRH3 为例，采用三车编组，头车和尾车相同且长度取 25.86m，中车取 24.83m，其 IGES 模型文件、计算区域、网格模型及压力分布图如图 4-6 所示。设 CRH3 的运行速度为 250km/h，通过设计组中空气动力学专业人员的后期处理计算，可以得出其作为头车和尾车的阻力系数、升力系数和压力分布图，为最终评估列车方案的气动性能提供客观数据（见表 4-1）。

表 4-1　CRH3（简化模型）的外形尺寸、阻力系数和升力系数

车型	车头长/m	车体最大横截面积/m^2	阻力系数			升力系数		
			头车	中车	尾车	头车	中车	尾车
CRH3	7.448	11.855	0.089	0.041	0.072	-0.103	0.000	0.043

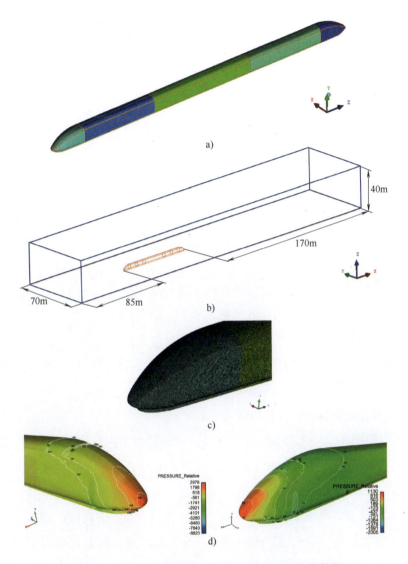

图 4-6 CRH3（简化模型）的气动性能仿真分析数据
a) IGES 模型　b) 计算区域　c) 网格模型　d) 压力分布图

（8）设计方案筛选　通过计算机辅助外观设计可以获得逼真的设计方案三维外观效果图，经过计算机辅助气动性能仿真分析可以获得设计方案作为头车和尾车的阻力系数、升力系数和压力分布图等参数。所获得的上述设计方案和相关数据是用于进一步评估和筛选更具可行性设计方案的重要依据。为了在多个设计方案中选择外形美观、具有文化内涵，同时又具有较好气动性能的方案，通常采用横向比较和纵向比较的方法来寻找优秀的设计方案。

1）通过横向比较寻优。首先，将所有设计方案三维外观效果图进行比较，然后由专家根据自己的经验对设计方案进行优劣排序。其次，将所有设计方案作为头车和尾车进行气动性能仿真分析所获得的阻力系数、升力系数和压力分布图等参数进行优劣排序。最后，将外观设计和气动性能均比较优良的设计方案作为备选的具有可行性的列车设计方案。

2）通过纵向比较寻优。在同等速度条件下，先求得原型车作为头车和尾车的阻力系数、升力系数和压力分布图（也可由委托方指定这些参数值范围），然后将通过横向比较获得的具有可行性的列车设计方案与原型车对应的各项气动性能参数进行比较，最后，选择各项气动性能参数与原型车接近或更优的作为可行性列车设计方案。

（9）内室设计与人因仿真分析　列车端车司机室是一个典型的人机环境系统，其中"人"主要是指司机；"机"包括司机室的各种显示设备、控制器、操纵台及其他各种仪器设备；"环境"指司机室内部的空间、温度、噪声、振动等气候条件。人因问题对于列车司机室设计非常重要[13]，为了验证所确认的可行性列车设计方案是否既具有美观宜人的内环境，又具有良好的人机适配特性，需要对设计方案进行计算机辅助人因仿真分析。

1）计算机辅助内室设计。列车车头内室设计在工业设计领域也可称为列车驾驶环境界面设计，是采用计算机辅助设计的方法来进一步表现设计方案的内环境效果，包括操纵台、司机座椅、电气柜、车窗等要素。通过计算机辅助设计获得的设计方案能够模拟列车司机室内的空间、形态、色彩、质感等，可以比较全面地反映列车车头内部的各种设计数据及关系，因此也是用于方案评价的又一重要内容。计算机辅助内室设计的流程：

第一步，根据前期确认的各项内容（如 UIC 651、GB/T 5914.1 等的规定，原型车司机室布局，操纵台、司机座椅、电器设备、控制器等）和可行性列车外观设计方案来确定内室设计的各项关键尺寸，结合可以直接使用的原型车部件模型，选择一款三维建模软件分别建立每个可行性列车设计方案的司机室内室模型（比例1:1）。

第二步，选择一款适合的渲染软件，将建立好的三维模型导入软件中，然后分别对每个方案进行渲染，并生成列车司机室内室三维效果图。

图 4-7 所示是一款经过渲染处理后的司机室内室三维效果图，它能够比较完整地表达司机室内部空间、设备、造型、色彩、材质等设计特征。

图 4-7　一款司机室内室三维效果图

2）计算机辅助人因仿真分析。为了进一步确认可行性列车设计方案的人机适配特性优劣，有效可行的方法是通过计算机对方案进行人因仿真分析。本书作者采用 JACK 软件来进行列车司机室内室设计方案的人因仿真分析。

仿真分析的内容主要有：司机双手的操作域分析（用于检验设计方案的操纵台上所有的控制器是否处于所有司机双手的控制范围内）；司机与座椅、搁脚板、操纵台之间的匹配关系分析（用于检验设计方案的搁脚板高度、座椅面高度、操纵台下部的容膝和容腿空间是否符合坐姿驾驶）；司机室侧窗的逃生功能分析（用于检验设计方案的逃生窗是否满足所有司机的逃生通过要求）；司机视野分析（用于检验设计方案前窗的视野是否满足司机坐姿驾驶时读取高柱信号和矮型信号）。仿真分析的流程（第四步、第五步、第六步和第七步的顺序可以相互调换）是：

第一步，选择建立的列车司机室内室方案三维模型（比例1:1）和符合我国人体参数的虚拟人作为人因仿真分析的对象。

第二步，将司机室内室方案三维模型转换成WRL、STL或JT格式的文件，并导入到JACK软件（WRL格式的文件与JACK软件兼容性较好）。

第三步，在JACK软件中建立代表大个子、中等个子和小个子的各百分位虚拟人（由于我国的列车司机主要是男性，而且TB/T 3091—2019[14]规定司机身高最低不得低于1600mm。根据GB 10000—1988[15]可知，我国男性第10百分位人体尺寸为1604mm，最接近司机最低要求的1600mm。所以以第10百分位（P10）我国男性虚拟人代表小个子司机，以第50百分位（P50）我国男性虚拟人代表中等个子司机，以第95百分位（P95）我国男性虚拟人代表大个子司机（注意，如果有特殊需求，也可选择第99百分位男性作为大个子司机），如图4-8所示。

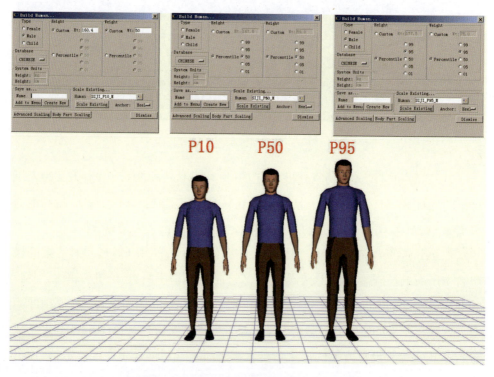

图4-8　P10、P50、P95百分位我国男性虚拟人

第四步，选择P10男性虚拟人（代表小个子的司机）进行司机双手的操作

域分析。如果在保持正常坐姿的条件下，该虚拟人的双手（手指食指）可达域覆盖整个操纵台上的所有控制器，则视设计方案合格。

第五步，选择 P10 男性虚拟人和 P95 男性虚拟人（代表大个子的司机）进行司机与座椅、搁脚板、操纵台之间的匹配关系分析。如果两者能够正常进行坐姿驾驶，则设计方案视为合格。

第六步，选择 P95 男性虚拟人（特殊情况可选 P99 男性虚拟人）进行司机室侧窗的逃生功能分析。该虚拟人如果能够安全通过逃生窗口，则视设计方案合格。

第七步，选择 P10 男性虚拟人和 P95 男性虚拟人进行司机视野分析。如果两者能够正常观察到高柱信号和矮型信号（出口型列车应符合 UIC 651—2002 的规定，国内线路使用车型应符合 GB/T 5914.1—2015 的规定），则视设计方案合格。

UIC 651—2002[16]规定坐姿驾驶的视野需要满足：司机视野需要同时满足高柱信号与矮型信号可见；高柱信号可见要求规定，所有司机均能够准确读取纵向距缓冲饼前端 10m、横向距轨道中线 2.5m、垂向高出轨面 6.3m 位置的信号；矮型信号可见要求规定，所有司机均能够读取纵向距缓冲饼前端 15m、横向距轨道中心线 1.75m、垂向与轨面齐平的信号。

GB/T 5914.1—2015[17]规定坐姿驾驶的视野需要满足：司机应能看见从车钩连接线算起前方 10m 处及 10m 以外的高柱信号，高柱信号机应在轨道中心右侧或左侧 2.1m 处，高度距轨面 8.2m；司机应能看见从车钩连接线算起前方 15m 及 15m 以外的矮型信号，矮型信号机应置于轨道中心右侧或左侧 2.1m 处，高度距轨面 0.2m。

第八步，总结设计方案的人机分析内容，明确设计方案存在的人机问题。

（10）可行性列车设计方案评估　经过计算机辅助列车内室设计可以获得可行性列车设计方案的司机室内室三维效果图，经过计算机辅助人因仿真分析可以明确方案的司机室内室环境是否符合相关人因适配规定的要求。所获得的上述内容是用于评估和筛选列车最终可行性设计方案的重要依据。

1）与早期评估列车外观设计方案的方法一样，也是专家根据制作的司机室内室三维效果图来评估设计质量的优劣。通常将造型和色彩均比较优良的方案作为备选的列车最终可行性设计方案。

2）根据计算机辅助人因仿真分析得出的结论，选择符合人因适配要求的方案作为备选的列车最终可行性设计方案。

（11）确定最终设计方案　综合上述评价结果，将造型和色彩美观、符合司机作业任务要求的备选方案确定为最终设计方案，并将确定的最终设计方案模型输出为 IGES 文件，用于作为接下来进行车体工程设计的依据。

4.1.3　案例

以一款时速 250km/h 高速列车为例，通过四个阶段的设计工作来对上述设计程序和方法进行阐释。

（1）设计准备　在设计前的准备阶段，确定了以下内容：

1）设计时速为 250km/h。

2）参考标准包括 TB/T 3091—2019[14]、GB 10000—1988[15]、UIC 651—2002[16]、GB/T 5914.1—2015[17]、GB 5914.2—2000[18] 和 TB/T 3264—2011[19]。

3）轨距 1435mm。

4）符合我国铁路车辆限界的车体关键尺寸：最大宽度 3380mm，最大高度 4450mm（包括列车底部距轨面 200mm）。

5）头车和尾车流线型部分长度不超过 8500mm。

6）头车和尾车车体长度为 25860mm，中车车体长度 24825mm，风挡 800mm。

（2）方案设计　基于上个阶段所确定的内容，以汽车、火箭、飞机、宝剑和各种动物为设计元素，结合设计师的个人灵感和综合能力创作了十多个列车头型的概念设计方案。这些方案注重体现列车头型的美观性和文化内涵，强调采用有利于减阻的流线型造型，图 4-9 所示是部分概念方案的草图设计创作过程。

当工业设计师完成了草图设计方案后，经设计组成员和相关专家对这些方案进行评价和筛选，将图 4-9 中的方案 1、方案 3、方案 6、方案 8 确定为初步设计方案。

（3）外观方案设计与气动性能仿真分析评估　基于确定的关键参数和初步设计方案，利用计算机辅助设计技术制作获选方案的三维外观效果图，利用计算机辅助气动性能仿真分析技术求得获选方案头车和尾车的阻力系数、升力系

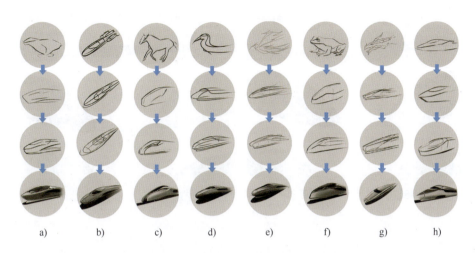

图 4-9 部分列车的概念方案草图设计

a) 方案 1 b) 方案 2 c) 方案 3 d) 方案 4 e) 方案 5 f) 方案 6 g) 方案 7 h) 方案 8

数和压力分布图,图 4-10 和表 4-2 是四个方案的三维外观效果图和计算机辅助气动性能仿真分析图样以及相关数据(速度为 250km/h)。表 4-3 是基于表 4-1 和表 4-2 的数据,按照式(2-2)计算获得的 CRH3 和四个列车方案的头型长细比值。

表 4-2 四个初步设计方案的外形尺寸、阻力系数和升力系数

名称	车头长/m	车体最大横截面面积/m²	阻力系数			升力系数		
			头车	中车	尾车	头车	中车	尾车
方案 1	8.161	13.907	0.078	0.039	0.060	-0.092	0.000	0.006
方案 2	8.317	14.046	0.078	0.039	0.065	-0.093	0.000	0.024
方案 3	6.908	13.846	0.081	0.039	0.067	-0.098	0.000	0.031
方案 4	7.200	14.133	0.089	0.038	0.070	-0.112	0.000	0.025

表 4-3 CRH3 和四个初步设计方案的头型长细比

名称	CRH3	方案 1	方案 2	方案 3	方案 4
头型长细比 γ	3.87	3.88	3.93	3.29	3.39

为了在四个方案中选择气动性能较优的方案,需要在设计组中空气动力学研究人员的帮助下,基于上述气动性能仿真分析获得的数据进行优劣排序,以综合气动性能较好的作为下一步设计的备选方案。

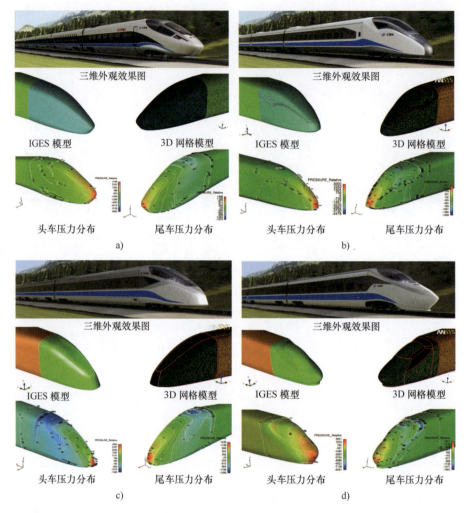

图4-10 四个初步设计方案的三维外观效果图和计算机辅助气动性能仿真分析
a) 方案1 b) 方案2 c) 方案3 d) 方案4

1）头型长细比比较。在一定条件下，列车头型长细比越大，头型的气动性能就越优[20]。通过比较表4-3中CRH3和四个初步设计方案的头型长细比可以得出：方案1和方案2的头型长细比均优于原型车CRH3。

2）头型压力等值线比较。通过分析图4-6和图4-10中CRH3和四个方案头型的压力分布图样可以得出：只有方案1在作为头车和尾车时气动性能均优于原型车CRH3。

3）头型气动阻力系数和升力系数的比较 对表4-1和表4-2中CRH3和四个方案头型的阻力系数和升力系数进行对比（见图4-11）可以发现：作为头

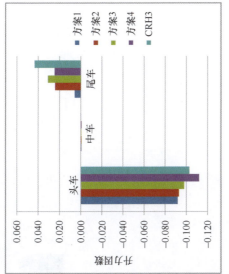
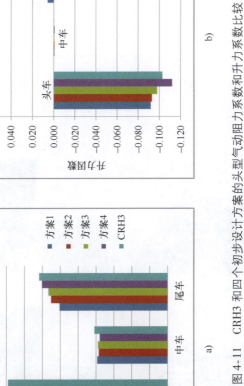
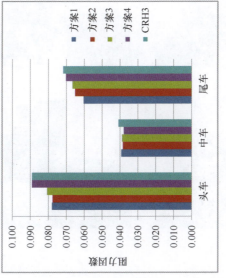

图 4-11 CRH3 和四个初步设计方案的头型气动阻力系数和升力系数比较
a) 阻力系数比较 b) 升力系数比较

车,四个方案的阻力系数均优于或等于 CRH3,除方案 4 外其余三个方案的升力系数均优于 CRH3;作为尾车,四个方案的阻力系数和升力系数均优于 CRH3。因此,最终可以得出四个方案的优劣降序:方案 1 最优,其次为方案 2,第三为方案 3,最差的是方案 4。

综合上述三方面的比较,可以得出四个方案的气动性能优劣结论:方案 1 和方案 2 的相关气动性能参数接近或优于 CRH3,方案 3 和方案 4 的相关气动性能参数整体较 CRH3 差。因此,将方案 1 和方案 2 确定为可行性列车设计方案。

(4) 内室设计与人因仿真分析评估 按照方案 1 和方案 2 的外观约束分别建立司机室内室模型,然后利用计算机虚拟人因仿真分析技术对司机双手的操作域、司机室侧窗的逃生、司机视野进行仿真分析(采用人因仿真分析时,可根据具体情况考虑功能修正量)。图 4-12 所示为两个可行性列车设计方案的司机室内室效果图。

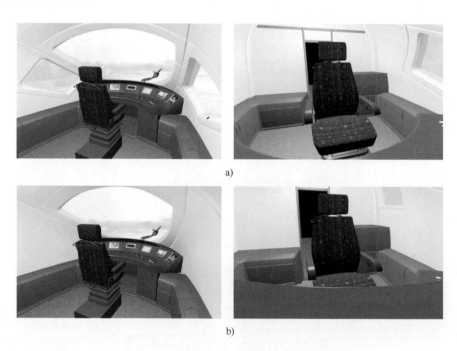

图 4-12 可行性列车设计方案的司机室内室效果图
a) 方案 1 b) 方案 2

1) 操纵台人因仿真分析。将两个方案(比例为 1∶1) 分别导出为 WRL 格式的文件,然后再将其分别导入 JACK 软件,分别采用 P10 我国男性虚拟人

（代表小个子司机）在坐姿条件下分析操纵台所有控制器件是否在该虚拟人双手的操作域内，如图 4-13 所示。仿真结果表明：两个方案操纵台上的所有控制器件均在小个子司机的双手可及范围内，设计满足使用要求。

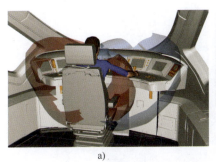 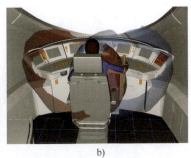

图 4-13 操纵台人因仿真分析
a) 方案 1   b) 方案 2

2）司机室侧窗逃生仿真分析。分别选择 P10 和 P95 我国男性虚拟人对两个方案的司机室侧窗进行逃生仿真分析，如图 4-14 所示。分析结果表明：方案 1 的侧窗高度便于小个子司机攀爬，且净空间完全能够有效容纳大个子司机身体退出司机室，总体符合使用要求；方案 2 的侧窗高度偏高，小个子司机攀爬不便，但净空间能够有效容纳大个子司机身体退出司机室。

3）司机视野仿真分析。按照 GB/T 5914.1—2015[17] 建立比例为 1∶1 的高柱、矮型信号机模型，然后按规定导入 JACK 软件，分别选择 P10 和 P95 我国男性虚拟人对司机室前窗的可视范围进行仿真分析，如图 4-15 所示。仿真分析表明：两个设计方案的前窗均能够保证大个子和小个子司机坐姿可看见高柱和矮型信号。

4.1.4 总结

该方法是先生成许多概念设计方案，然后再对这些方案进行逐步筛选寻优，最后通过横向和纵向的比较获得相对最优的设计方案。这种方法既有优点又有缺点：优点是设计的列车头型能够兼顾形式与功能等问题，设计方案既具有很好的形式美感和文化内涵，同时又具有较好的气动性能和人机适配特性；缺点是设计周期相对较长，需要专业的工业设计团队进行大量的草图构思，而且气

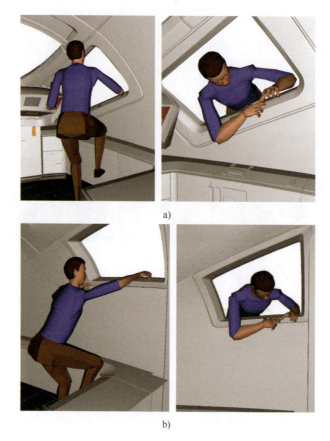

图 4-14 司机室侧窗逃生仿真分析

a）方案 1　b）方案 2

动性能不能做到最优。然而，设计问题是一个不良结构问题（Ill-Structured）[21]，不能够求解唯一的最优解，因此该方法仍然是目前最具可行性和可操作性的一种方法。

在列车车头造型设计过程中，列车概念方案是一个创造性的思维和表现过程，虽然非常重要但却也难以准确描述和概括，往往只能通过草图来表现。草图表现出的概念方案的优劣与工业设计师的综合能力（如美学修养、文化修养、造型能力、设计表现、计算机辅助设计工具掌握熟练程度）、设计经验、设计灵感，以及对设计对象的理解（技术特点、用途、使用环境等约束）均有很大关系。因此，为了提高设计质量，应选择综合能力较强，设计经验丰富的工业设计师进行设计创作。

好的设计都离不开科学合理的评价。列车的头型设计涉及多个学科、多种

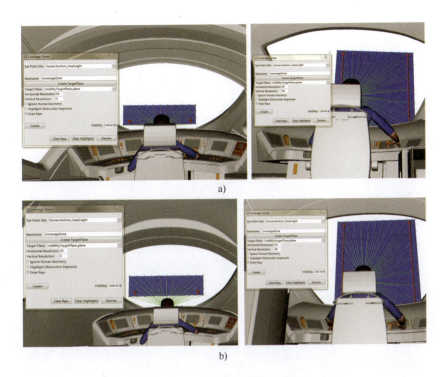

图 4-15 司机视野仿真分析

a) 方案 1　b) 方案 2

知识，寻求科学的量化评价方法，建立科学的评价标准和合理的评价模型，对于比对选择优秀的列车设计方案具有重要意义。本书介绍的采用专家定性评价和计算机辅助定量评价相结合的方法来评估筛选轨道列车头型设计方案，评选得出的设计方案较为客观合理。

4.2　具有地域文化的轨道列车设计方法

为了进一步补充说明在轨道列车设计过程中应如何辨识、提取、转换、应用和评估文化元素，下面将介绍一种具有地域文化的轨道列车设计方法。

最新版本的 GB/T 19000—2016[22] 规定"产品"的定义是：在组织和顾客之间未发生任何交易的情况下，组织能够产生的输出，具体包括软件、硬件和流程性材料。且该标准将"产品"和"服务"两个术语并列列出，以强调产品的有形（Tangible）特征，以及服务的无形（Intangible）特征。考虑到地域文化的层次性，林荣泰[23-24]将文化产品的属性划分为外显有形层（Outer "Tangible" Level）（包括物质化的有形属性，如造型、色彩、材质、纹理、线条等，主要表现为视觉设计）；中间行为层（Mid "Behavioral" Level）（包括操作性、功能性、安全性等，主要表现为使用行为设计）；内隐无形层（Inner "Intangible" Level），（包括产品特色性、故事性、情感性、文化性内涵，主要表现为理念设计）。因此，可以从理念设计层面、行为设计层面和视觉设计层面三个方向提出典型地域文化元素的提取和转换方法及策略。

4.2.1 地域文化元素的提取和转换方法

（1）理念设计层面地域文化元素的提取和转换　理念设计层面的地域文化元素（理念文化元素）存在于目标地域内精神层（内层）因子（见表2-15中的C_3）所包含的相关细分文化构成因子（见表2-15中的C_{31-3i}），诸如观念、宗教、哲学思想等。理念设计层面的地域文化元素首先应该聚焦于目标地域空间范围内的这些非物质载体，然后通过梳理并抽象概括出具有典型代表的、能够反映目标地域核心精神的关键词作为产品的核心设计理念，如和平、佛教、忠孝、中庸等。理念设计层面的地域文化元素提取的目的就是要从调研获取的精神层因子中提取出能够寓意产品核心文化理念的关键词，为后期寻找产品行为设计层面和视觉设计层面的地域文化元素奠定文化总基调。

（2）行为设计层面地域文化元素的提取和转换　行为设计层面的地域文化元素（行为文化元素）存在于目标地域内的制度层（中层）因子（表2-15中的C_2），诸如目标地域的民俗、制度、族群关系等（见表2-15中的C_{21}-C_{2i}）。行为设计层面的地域文化元素应从制度层（中层）因子的第三层中的非物质载体（见表2-15中的C_{211}-C_{23i}）里面筛选提取，且选定的非物质载体应满足能够寓意或体现前期确定的产品核心文化理念（即前期确定的主题关键词）；能够与目标产品的用户使用行为具有相关性或联系。由于该层面的文化载体为非物质性质，因此选定的地域文化元素只有结合产品本身可能的使用行为，才能抽象概括出能够反映目标地域制度性或习惯性的相关使用行为。

（3）视觉设计层面地域文化元素的提取和转换　相对于理念设计层面和行为设计层面的非物质文化载体，视觉设计层面的地域文化元素（视觉文化元素）都融入在物质层（外层）因子（见表2-15中的C_1），例如典型自然生态物质、特色历史遗存、地标设施和特色文创（文化）产品等（见表 2-15 中的 C_{11}-C_{1i}），所以视觉设计层面的地域文化元素载体较为丰富多样。作为有形的产品，形态、色彩、材质是构成其视觉形象的基本要素[25]。产品视觉设计层面的地域文化元素应从物质层（外层）因子的物质载体（见表 2-15 中的 C_{111}-C_{14i}）中筛选提取，且选定的物质载体也应满足能够寓意或体现前期确定的产品核心文化理念（即前期确定的主题关键词），而且还应能够与目标产品外观的形态、色彩或表面材质具有相关性或联系。产品视觉设计层面地域文化元素的提取和转换可从以下三个方面进行：

1）形态文化元素的提取和转换。物质文化载体的形态通常有二维平面形态和三维立体形态两类，且无论是平面形态还是三维立体形态，都是由一定数量的（造）型线组合构成。因此形态文化元素的提取应重点聚焦于典型的型线，通过计算机或手工复制、抽象概括（仿生或仿形）成为具象的形态集，为后期产品概念设计提供原型形态。典型的二维平面形态宜转换成图案形态集，而典型的三维立体形态则宜转换成基本的外形形态集。

2）色彩文化元素的提取和转换。物质文化载体均有属于自己的色彩，其自身所具有的这些色彩即为该载体的色彩文化元素。要提取物质载体的色彩文化元素，可以通过测色仪器直接测量实物、选择色卡对照实物提取和将实物进行彩色图像处理后借助计算机辅助设计软件提取三种主要的途径进行。当获得某物质载体的典型色彩文化元素后，可基于自然色彩系统（Natural Color System，NCS）[26]构建能够反映色彩文化元素在色彩空间详细分布的色彩集，以供后期产品概念设计用色时精确选取。

3）特色材质文化元素的使用。物质文化载体通常是由一些特定的材质所构成，构成某一物质文化载体的这些材质也即为其材质文化元素。通常材质文化元素都采用直接取样，然后汇集并形成各种特色材质文化元素库（材质库），为后期设计提供可选择的材质样本。

4.2.2 地域文化元素的提取和转换策略

理念设计层面、行为设计层面和视觉设计层面的地域文化元素分别是精神层、制度层和物质层地域文化载体的反映。在产品设计中，地域文化元素的提取应以理念设计层面的地域文化元素（理念文化元素）为基调来确立产品的文化主题，然后基于所确立的这个文化主题来进一步筛选行为设计层面可能存在的地域文化载体或视觉设计层面可能存在的地域文化载体，进而提取符合文化主题的行为文化元素或（和）视觉文化元素，二者应能反映相同的文化主题。在现实中，由于产品功能和使用行为的多样性，因此不是所有的产品都能找到与之相关的行为设计层面的地域文化元素。产品设计中地域文化元素的提取与转换策略可概括总结为：理念文化元素源于精神层文化载体，行为文化元素源于制度层文化载体，视觉文化元素源于物质层文化载体；理念文化元素须能引导行为文化元素和视觉文化元素；行为文化元素和视觉文化元素要能够高度体现理念文化元素；三者须有着相同或相近的文化主题，地域文化的提取与转换策略如图4-16所示。

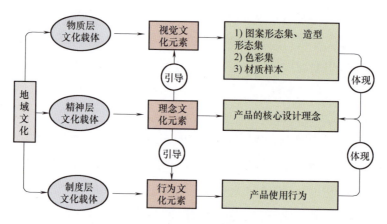

图4-16　地域文化的提取和转换策略

4.2.3　具有地域文化的轨道列车设计流程

图4-17所示是具有地域文化特征的轨道列车设计流程，其主要步骤如下：

第一步，确定适用于目标产品的地域范围。

第二步，对目标地域的文化构成因子（见表2-15）进行全方位调研，收集、采录该地域内具有典型代表的物质和非物质文化载体。

第三步，按照地域文化元素的提取和转换方法及策略，筛选提取理念设计层面、行为设计层面和视觉设计层面的地域文化元素。

第四步，转换并构建适用于目标产品的使用行为、图案或外形形态集、色彩集或材质库。

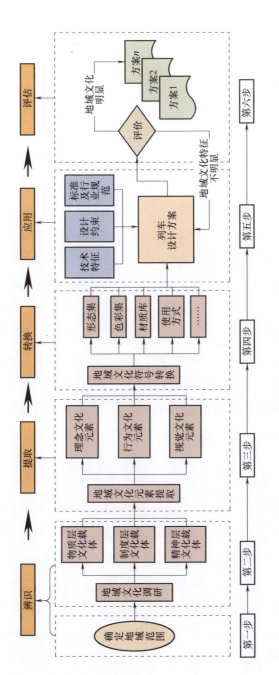

图 4-17 具有地域文化特征的轨道列车设计流程

第五步，基于目标产品的技术特征、设计约束、标准及行业规范等约束条件进行设计并融入文化元素，包括使用行为、图案或外形形态集、色彩集或材质库。

第六步，对目标产品设计方案的地域文化特征进行主观评价，通过问卷调研确定地域文化特征明显的设计方案，同时排除地域文化特征不明显的设计方案，构建具有地域文化特色的产品设计方案库。

4.2.4 案例

（1）泰国及其典型地域文化元素辨识与提取　将本次案例研究的地域范围限定在泰国境内（第一步）。通过网络、文献和实地调研，获取了大量具有典型泰国地域文化的物质和非物质载体资料（第二步）。通过梳理，进一步总结提出了与城际列车设计具有相关性的理念文化元素，包括"佛教文化"（属于表2-15中的C_{32}）和"泰国图腾文化"（属于表2-15中的C_{33}）。基于理念文化元素"泰国图腾文化"，从获取的文化载体中选择了能够体现"白象之国"文化主题的白象（表2-15中的C_{113}），以及能够体现"国鸟"文化主题的火背鹇（表2-15中的C_{113}）作为列车外观设计的视觉文化元素；基于理念文化元素"佛教文化"，选择了泰国大皇宫建筑（表2-15中的C_{131}）、寺庙建筑（表2-15中的C_{121}）和泰国民族服饰（表2-15中的C_{123}），以及泰国最著名的悬挂诗琳通公主照片的火车站地标建筑（表2-15中的C_{131}）作为列车内室设计的视觉文化元素（第三步）。

（2）地域文化元素的转换　基于大象和火背鹇的原型，结合城际列车的头型形态，设计师手绘提取出了两个视觉上能够体现"大象"（见图4-18a）和"火背鹇"（见图4-18b）形态特征的基本型线组合；基于大皇宫、寺庙、火车站地标建筑和泰国民族服饰文化载体手工复制提取出了"莲花纹""鱼齿纹""黄金纹"平面形态，同时利用自然色彩系统构建了这些典型文化载体在色彩空间中详细分布的色彩集，如图4-18c所示（第四步）。由于城际列车的外观和内室与制度层面的行为文化缺少相关性，因此案例未能成功提取转换适用于城际列车设计的行为文化元素。

（3）地域文化元素的应用　结合列车的技术特征、设计约束和标准，以及行业规范综合要求，基于获取的适用于泰国城际列车设计的形态和色彩文化元

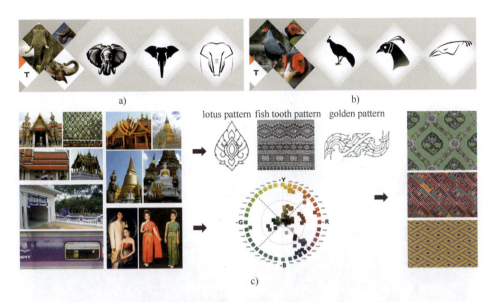

图4-18 适用于泰国城际列车设计的形态及色彩文化元素转换

a) 大象元素 b) 火背鹇元素 c) 典型建筑和服饰等元素

素,采用计算机辅助设计技术获得了多个泰国城际列车外观及内室设计方案(第五步)。其中,外观方案1(见图4-19a)选择白象作为设计的视觉文化元素,列车在外观造型和涂装设计中均充分考虑并融入了白象形态元素,能够从视觉上体现出较为明显的"白象"形象,契合了泰国"白象之国"的文化主题;外观方案2(见图4-19b)选择火背鹇作为设计的视觉文化元素,列车在外观造型和涂装设计中均充分考虑并融入了火背鹇形态元素,能够从视觉上体现出较为明显的"火背鹇"形象,契合了泰国"国鸟"的文化主题。将泰国常用的"莲花纹(Lotus Pattern)""鱼齿纹(Fish Tooth Pattern)""黄金纹(Golden Pattern)"和色彩(见图4-18c)融入列车内室设计,形成了能够体现泰国地域文化的列车端部空间方案(见图4-19c)、商务车厢方案(见图4-19d)和经济车厢方案(见图4-19e)设计库。

(4)方案的文化特征评估 随着互联网的发展,基于微信的网络调查已成为现代调查的一个重要方式[27]。为了评估上述设计方案是否具备泰国地域文化特征,基于"问卷星"网络平台设计了适用于智能手机的调查问卷并进行了调查实验(第六步)。

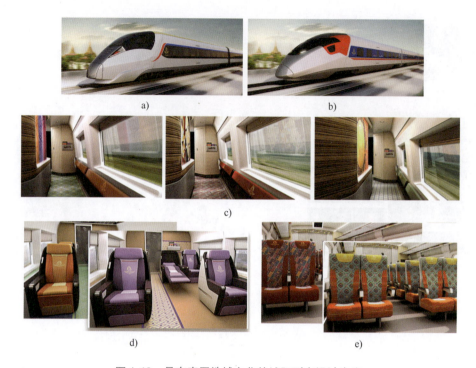

图4-19 具有泰国地域文化的城际列车设计方案

a）外观方案1 b）外观方案2 c）内室端部空间方案 d）商务车厢方案 e）经济车厢方案

该实验将问卷分为四组进行：第一组为设计类博士研究生（G1），第二组为设计类硕士研究生（G2），第三组是设计类本科生（G3），第四组为随机抽样民众（G4）。四组接受调查的样本主要来自我国各地，他们需要在网上用自己的智能手机登录，然后按要求对五套设计方案进行评估，并根据自己的评估结果选择"具有泰国文化""不具有泰国文化"或"不确定是否具有泰国文化"中的一项（每个登录名只能选择一次）。

针对设计类博士研究生的调查问卷及结果见 https://tp.wjx.top/m/38615903.aspx；针对设计类硕士研究生的调查问卷及结果见 https://tp.wjx.top/m/38611265.aspx；针对设计类本科生的调查问卷及结果见 https://tp.wjx.top/m/38611461.aspx；针对随机抽样民众的调查问卷及结果见 https://tp.wjx.top/m/41182601.aspx。

排除掉所有选择"不确定是否具有泰国文化"的投票，四组调查结果的统计如图4-20和图4-21所示，从中分析可知：五套设计方案均较好地体现出了

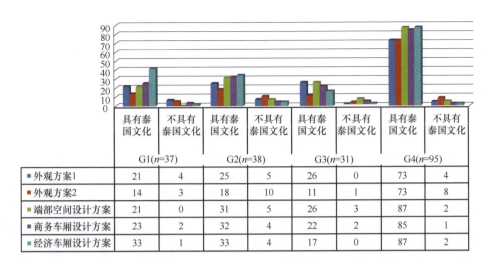

图 4-20　四组人员对五个方案是否具有泰国文化的调查结果

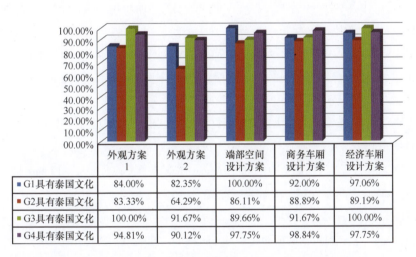

图 4-21　认为各方案"具有泰国文化"的人占总人数的比例
(排除掉所有选择"不确定是否具有泰国文化"的投票)

泰国地域文化特征;外观方案 1 体现出的泰国地域文化特征较外观方案 2 更明显;认为端部空间设计方案、商务车厢设计方案和经济车厢设计方案"具有泰国文化"的人数远远多于认为"不具有泰国文化"的人数。

参 考 文 献

[1] TOVEY M. Form creation techniques for automotive CAD [J]. Design Studies, 1994, 15

(1): 85-114.

[2] HELMS M, VATTAM S S, Goel A K. Biologically inspired design: Process and products [J]. Design Studies, 2009, 30 (5): 606-622.

[3] TOVEY M, PORTER S, Newman R. Sketching, concept development and automotive design [J]. Design Studies, 2003, 24 (2): 135-153.

[4] TOVEY M. Styling and design: Intuition and analysis in industrial design [J]. Design Studies, 1997, 18 (1): 5-31.

[5] HSIAO S W, CHOU J R. A creativity-based design process for innovative product design [J]. International Journal of Industrial Ergonomics, 2004, 34 (5): 421-443.

[6] WANG K C. User-oriented product form design evaluation using integrated Kansei engineering scheme [J]. Journal of Convergence Information Technology, 2011, 6 (6), 420-438.

[7] TANG C Y, FUNG K Y, Lee E W M, et al. Product form design using customer perception evaluation by a combined super ellipse fitting and ANN approach [J]. Advanced Engineering Informatics, 2013, 27 (3): 386-394.

[8] BILGIN M S, Baytaroglu E, Erdem A, et al. A review of computer-aided design/computer-aided manufacture techniques for removable denture fabrication [J]. European Journal of Dentistry, 2016, 10 (2): 286-291.

[9] 张健. 高速列车动车头形风洞试验研究 [J]. 流体力学实验与测量, 1997, 11 (2): 85-89.

[10] DING S S, LI Q, TIAN A Q, et al. Aerodynamic design on high-speed trains [J]. Acta Mechanica Sinica, 2016, 32 (2): 215-232.

[11] TIAN H Q. Formation mechanism of aerodynamic drag of high-speed train and some reduction measures [J]. Journal of Central South University, 2009, 16 (1): 166-171.

[12] YAO S B, GUO D L, SUN Z X, et al. Multi-objective optimization of the streamlined head of high-speed trains based on the Kriging model [J]. Science China Technological Sciences, 2012, 55 (12): 3495-3509.

[13] STEVENSON M G, COLEMAN N, LONG A F, et al. Assessment, re-design and evaluation of changes to the driver's cab in a suburban electric train [J]. Applied Ergonomics, 2000, 31 (5): 499-506.

[14] 中国铁道科学研究院集团有限公司节能环保劳卫研究所. 铁路机车车辆驾驶人员健康检查规范: TB/T 3091—2019 [S]. 北京: 中国铁道出版社, 2019.

[15] 全国人类工效学标准化技术委员会. 中国成年人人体尺寸: GB 10000—1988 [S]. 北

京：中国标准出版社，1988.

［16］International Union of Railways. Layout of Drivers Cabs in Locomotives Rail Cars Multiple-unit Trains and Driving Trailers：UIC 651—2002 ［S］. Paris：UIC, 2002.

［17］南车株洲电力机车研究所有限公司. 机车司机室 第1部分：瞭望条件：GB/T 5914. 1—2015 ［S］. 北京：中国标准出版社，2015.

［18］铁道部株洲电力机车研究所. 机车司机室前窗、侧窗及其他窗的配置：GB 5914. 2—2000 ［S］. 北京：中国标准出版社，2000.

［19］铁道行业内燃机车标准化技术委员会. 动车司机座椅：TB/T 3264—2011 ［S］. 北京：中国铁道出版社，2011.

［20］田红旗. 中国高速轨道交通空气动力学研究进展及发展思考 ［J］. 中国工程科学，2015，17（4）：30-41.

［21］JONASSEN D H. Toward a design theory of problem solving ［J］. Educational Technology Research and Development，2000，48（4）：63-85.

［22］全国质量管理和质量保证标准化技术委员会. 质量管理体系 基础和术语：GB/T 19000—2016 ［S］. 北京：中国标准出版社，2016.

［23］林荣泰. 文化创意产品设计：从感性科技、人性设计与文化创意谈起 ［J］. 人文与社会科学简讯，2009，11（1）：32-42.

［24］LIN R T. Transforming taiwan aboriginal cultural features into modern product design：A case study of a cross-cultural product design model ［J］. International Journal of Design，2007，1（2）：45-53.

［25］张磊，葛为民，李玲玲，等. 工业设计定义、范畴、方法及发展趋势综述 ［J］. 机械设计，2013，30（8）：97-101.

［26］ANDERS HÅRD, SIVIK L. NCS-natural color system：A Swedish standard for coloer notation ［J］. Color Research & Application，2010，6（3）：129-138.

［27］SUN Z J, ZHU L, LIANG M, et al. The usability of a WeChat-based electronic questionnaire for collecting participant-reported data in female pelvic floor disorders：A comparison with the traditional paper-administered format ［J］. Menopause，2016，23（8），856-862.

Chapter 5
第 5 章 轨道列车设计案例

基于前面章节所介绍的轨道列车工业设计技术、设计程序与方法，在符合相关车型技术约束条件下，本章将分别对铁路机车、高速列车、多型城市轨道列车的工业设计案例进行介绍。

5.1 铁路机车

铁路机车包括蒸汽机车、内燃机车和电力机车，下面以伊拉克内燃机车（客车）设计方案为例，对铁路机车的设计进行介绍。

（1）典型地域文化　根据调研确定了具有伊拉克典型地域特色的文化载体，主要包括 Umm Al-Qura 清真寺、Unknown Soldier 纪念碑、AlShaheed 纪念碑和 Ramadan 清真寺等，部分载体图片如图 5-1 所示。

（2）外观造型与涂装设计　从伊拉克典型地域文化特色的物质载体中提炼转换出适合伊拉克内燃机车的形态和色彩元素，并将其应用于机车的外观设计和涂装设计，如图 5-2 所示。

（3）内室设计

1）2+2 排布座椅车厢。在充分考虑伊拉克地区人口体型、乘车习惯的基础上，基于相关技术要求及标准，设计完成了中车座椅车厢的布局方案，如图 5-3 所示。

图 5-4 所示是融入了伊拉克地域文化元素的 2+2 排布座椅车厢车内旅客界面设计方案。

图 5-1 具有伊拉克典型地域特色的文化载体

a) Umm Al-Qura 清真寺　b) Unknown Soldier 纪念碑

c) AlShaheed 纪念碑　d) Ramadan 清真寺

图 5-2 伊拉克内燃机车外观方案

a) 方案一

图 5-2 伊拉克内燃机车外观方案（续）

b）方案二

图 5-3 2+2 排布座椅车厢车内布局方案

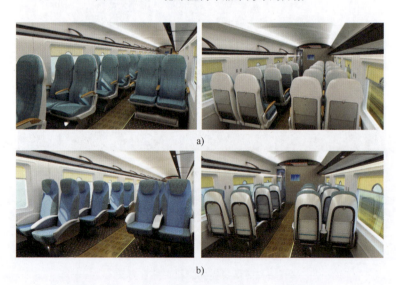

图 5-4 2+2 排布座椅车厢车内旅客界面设计方案

a）方案一 b）方案二

2）双层卧铺车厢。图 5-5 所示是融入了伊拉克地域文化元素的双层卧铺车厢车内旅客界面设计方案。

图 5-5　双层卧铺车厢车内旅客界面设计方案

3）餐车车厢。图 5-6 所示是融入了伊拉克地域文化元素的餐车车厢车内旅客界面设计方案。

图 5-6 餐车车厢车内旅客界面设计方案
a）布局方案 b）详细设计

4）厕所。图 5-7 所示是厕所界面设计方案。

图 5-7　厕所界面设计方案

5.2　高速列车

下面以土耳其 250km/h 级高速列车（客车）设计方案为例，对高速列车的设计进行介绍。

（1）土耳其印象　土耳其是横跨欧亚两洲的国家，北临黑海，南临地中海，东南与叙利亚和伊拉克接壤，西临爱琴海，并与希腊和保加利亚接壤，是连接欧亚的十字路口。根据调研确定了土耳其的特色可概括为：具有悠久的历史、灿烂的文化、美丽的景色和现代的建筑，如图 5-8 所示。

（2）外观造型与涂装设计　从具有土耳其典型地域文化特色的文化载体中提炼转换出适合土耳其 250km/h 级高速列车的形态和色彩元素，并将其应用于列车的外观设计和涂装设计。

1）方案一。设计方案一中融入了土耳其国旗、地标建筑中的相关元素，如图 5-9 所示。

方案一包括两个涂装方案，且融入了土耳其地标建筑、传统服饰的色彩元素，如图5-10所示。

a)

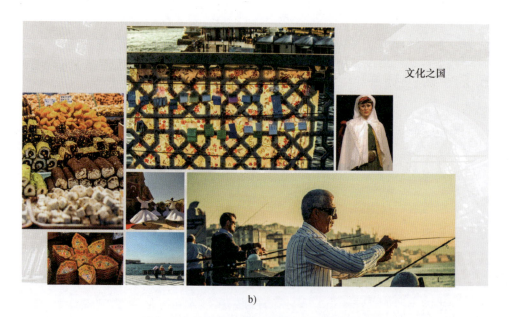

b)

图 5-8　具有土耳其典型地域特色的文化载体

a) 历史　b) 文化

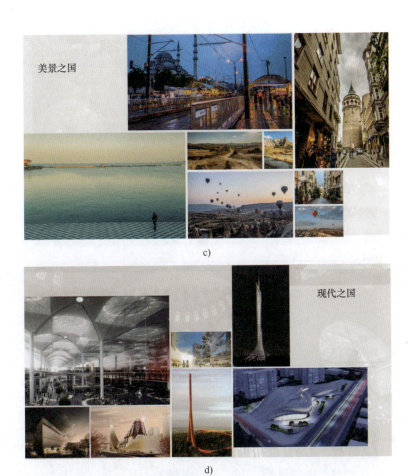

c)

d)

图 5-8 具有土耳其典型地域特色的文化载体（续）

c）美景　d）建筑

图 5-9 具有土耳其典型地域特色的高速列车设计方案一

图 5-10 方案一的涂装

a) 涂装元素 b) 两个涂装方案整体效果 c) 涂装方案 A d) 涂装方案 B

2)方案二。设计方案二中融入了土耳其尖刀造型元素,如图 5-11 所示。

图 5-11 具有土耳其典型地域特色的高速列车设计方案二

方案二包括两个涂装方案,且融入了土耳其地标建筑、传统服饰的色彩元素,如图 5-12 所示。

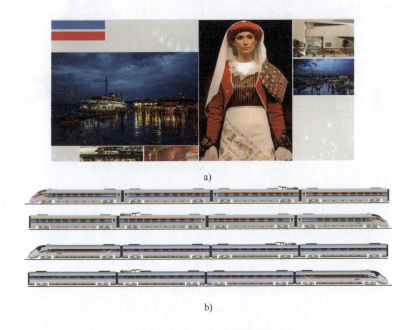

图 5-12 方案二的涂装

a)涂装元素 b)两个涂装方案整体效果

c)

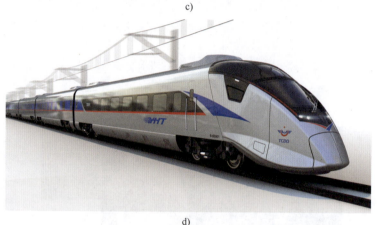

d)

图 5-12 方案二的涂装（续）

c) 涂装方案 A　d) 涂装方案 B

5.3 地铁列车

下面以广州 6 号线地铁列车设计方案为例，对地铁列车的设计进行介绍。

(1) 广州地域文化　广州 6 号线地铁于 2013 年开通，属于该市最具"文化味"的线路。该线路有 13 个普通站，9 个重点站；9 个重点站里有 4 个"文化站"，沿线有多个典型文化元素载体，如图 5-13 所示。

(2) 外观造型与涂装设计　从具有广州典型地域特色的文化载体中提炼转换出适合广州 6 号线地铁列车的形态和色彩元素，并将其应用于列车的外观和

图 5-13 具有广州典型地域特色的文化载体

涂装设计。

1)方案一。以"五羊"形象为文化元素,提炼抽象为地铁列车的车头,形成地铁列车头型设计方案,如图 5-14 所示。

2)方案二。以"狮"形象为文化元素,提炼抽象为地铁列车的车头,形成地铁列车头型设计方案,如图 5-15 所示。

(3)驾驶界面设计 根据司机作业任务、操纵台人机适配约束,结合我国司机的人体特性及作业姿势、相关标准规定,研究并确定了一款司机室操纵台的设计方案,如图 5-16 所示。经选择 P10 我国男性虚拟人对操纵台上所有控制器件进行人机仿真适配分析,得出所有控制器件均在满足标准要求的小个子司机双手的可及范围之内,设计满足使用要求。

(4)车内旅客界面设计 在充分考虑轻量化环保材料、旅客界面、地域文化和设计美学要素的前提下,以我国人体数据为依据,根据乘客乘车行为、人

图 5-14 方案一

a)"五羊"概念方案 b)方案向视图 c)效果图 d)缩比模型

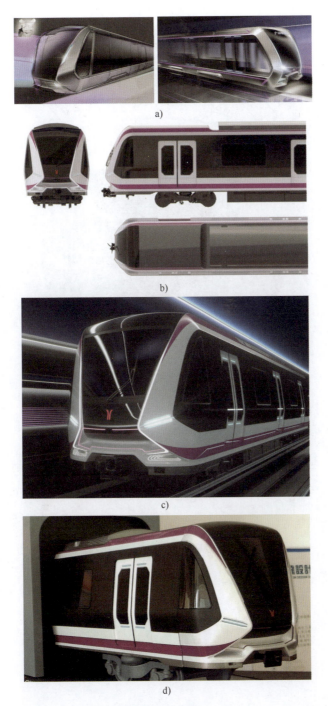

图 5-15 方案二

a)"狮"头概念方案 b)方案向视图 c)效果图 d)缩比模型

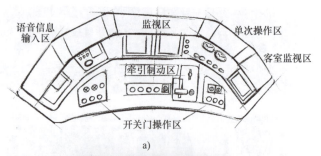

a)

b)

c)

d)

图 5-16　地铁操纵台基本功能布局

a) 基本功能布局　b) 效果图　c) P10 我国男性虚拟人仿真分析　d) 缩比模型

体典型乘车姿势等，对车内关键功能件（包括扶杆、拉手、隔断件、无障碍设施等）和照明进行优化设计。以广州 6 号线地铁列车为原型，优化形成了多套环境友好地铁列车旅客界面设计方案，以下是优选出来的五套设计方案。

1）方案一。该方案以广州市花木棉花形态特征作为设计元素。座椅的形态融入了广州市花木棉花以及广州地铁六号线紫红色元素；把手采用可自动收回设计，有助于避免碰头；座椅两侧的立杆设计成竖直有助于增加抓位，如图 5-17 所示。

图 5-17　方案一（木棉花）

a）设计元素　b）效果图

2）方案二。该方案以广州国际金融中心建筑特征作为设计元素。座椅的主要饰板设计提取了广州国际金融中心的斜向网格结构，交错的网格映衬着紫色，焕发出一种紫色水晶视觉感受；座椅两侧的立杆设计成接近竖直有助于增加抓位；该方案为无辅助抓握件横杆设计，有助于减少旅客碰头的几率，如图 5-18 所示。

图 5-18　方案二（广州国际金融中心）
a）设计元素　b）效果图

3）方案三。该方案整体造型设计灵感来源于广州新中轴线上的标志性建筑之一的广州大剧院。椅背向内凹陷符合人机工学，在靠背表面及坐垫表面进行切分设计，整体造型圆润简洁；座椅之间有一定的间距，既体现相互之间的尊重，更是产生距离美，减少身体接触的尴尬；将立杆设计成双管形式，有助于增加抓握位置数量，如图 5-19 所示。

图 5-19 方案三（广州大剧院）
a）设计元素 b）效果图

4）方案四。该方案造型是对粤剧文化的传承，座椅两侧的设计取自于《帝女花》中长平公主的戏服纹样。戏服纹样与座椅端部形态的结合满足了广东人民讲究"好意头"的心理需求；同时地面紫色饰条与色块交错排列，有助于营造出内室环境的匀称与协调美感，如图 5-20 所示。

5）方案五。该方案造型同样来源于《帝女花》中长平公主的戏服。取长平公主戏服上的祥云纹样对座椅端部形态进行设计，地面三段紫色渐变纹样有助于突显科技底蕴，木纹肌理的座椅有助于营造出温馨的内室环境，如图 5-21 所示。

图5-20 方案四(长平公主戏服纹样)
a)设计元素 b)效果图

图5-21 方案五(长平公主戏服纹样)

(5) 车内旅客界面设计方案满意度调查（评估） 随着互联网的发展，网络调查已成为现代调查的一种重要方式，随之涌现出一大批网络调查平台。与传统调查相比，网络调查有着低成本、高效率、传播范围广等诸多优点。为了验证本研究所设计方案的优劣，基于网络平台设计了地铁列车旅客界面设计方案广谱调查实验。

1) 调查问卷平台。本实验基于问卷编辑软件"问卷星"进行设计。与传统调查方式和其他调查网站或调查系统相比，问卷星具有快捷、易用、低成本的明显优势，已经被大量企业和个人广泛使用。

2) 问卷设计。本研究制定的问卷内容见下：

环境友好地铁列车旅客界面设计方案投票说明

我们在充分考虑轻量化环保材料（采用碳纤维复合材料）、人机界面（优化后尺寸有助于实现车内设施"抓得到、不碰头、抓位多"）、地域文化（融入了6号线紫红色元素、广州地域文化元素）、设计美学要素的前提下，以广州6号线地铁列车为原型，优化形成了多套环境友好地铁列车旅客界面设计方案。以下是优选出来的五套设计方案，请您认真对比每一套设计方案与现有广州6号线地铁列车方案，然后选择"综合更优（指新方案较6号线现有方案更好）""综合相当（指新方案较6号线现有方案接近）""综合更差（指新方案较6号线现有方案更差）"中的一项。投票为"综合更差"的方案被视为不符合用户预期，定性为"不满意"；"综合相当"和"综合更优"则表明方案符合用户的预期，定性为"满意"。

被比较方案

（广州6号线地铁列车现有方案）

广州地铁 6 号线是广州市建成投入使用的第九条地铁线路，代表色为紫红色。该列车车内饰板主要采用玻璃纤维材料、座椅采用不锈钢材料；每节车厢设有轮椅区及轮椅扶手、安全带。

新方案一

综合更优　　综合相当　　综合更差

该方案以广州市花木棉花形态特征作为设计元素。座椅的形态融入了广州市花木棉花以及广州地铁六号线紫红色元素；把手采用可自动收回设计有助于避免碰头；座椅两侧的立杆设计成竖直有助于增加抓位。

新方案二

综合更优　　综合相当　　综合更差

该方案以广州国际金融中心建筑特征作为设计元素。座椅的主要饰板设计提取了广州国际金融中心的斜向网格结构，交错的网格映衬着紫色，焕发出一种紫色水晶视觉感受；座椅两侧的立杆设计成接近竖直有助于增加抓位；该方案为无辅助抓握件横杆设计，且有助于减少旅客碰头。

新方案三

综合更优　综合相当　综合更差

该方案整体造型设计灵感来源于广州新中轴线上的标志性建筑之一的广州大剧院。椅背向内凹陷符合人机工学，在靠背表面及坐垫表面进行切分设计，整体造型圆润简洁；座椅之间有一定的间距，既体现相互之间的尊重，更是产生距离美，减少身体接触的尴尬；将立杆设计成双管形式，有助于增加抓握位置数量。

新方案四

综合更优　综合相当　综合更差

该方案造型是对粤剧文化的传承，座椅两侧的设计取自于《帝女花》中长平公主的戏服纹样。戏服纹样与座椅端部形态的结合满足了广东人民讲究"好意头"的心理需求；同时地面紫色饰条与色块交错排列，有助于营造出内室环境的匀称与协调美感。

新方案五

综合更优　　综合相当　　综合更差

该方案造型同样来源于《帝女花》中长平公主的戏服。取长平公主戏服上的祥云纹样对座椅端部形态进行设计，地面三段紫色渐变纹样有助于突显科技底蕴，木纹肌理的座椅有助于营造出温馨的内室环境。

3）实验步骤。

第一步：基于问卷星网络平台，创建名为"环境友好地铁列车旅客界面设计方案投票"问卷。

第二步：在问卷说明部分，对该投票的背景和投票方式进行详细说明。

第三步：在段落说明部分，加入被比较方案：广州地铁6号线现有方案图片及方案说明。

第四步：在文本框输入方案名称、方案图片、设计说明。在投票栏对选项数量（共3个）、选项文字（综合更优、综合相当、综合更差）进行编辑，设置选项宽度、排列方式（竖向排列），显示投票数和百分比。

第五步：依次插入5个投票单选题，分别对5个设计方案进行投票编辑。

第六步：对问卷权限进行设置（只允许微信用户填写，每个用户只允许填写一次）和对界面风格进行设置（标题颜色、题干颜色）。

第七步：对问卷链接进行美化，在链接封面添加问卷说明和图片。

第八步：发布问卷，并将问卷网址和投票说明推广到相关设计院校师生微信群、轨道列车研制企业微信群和部分随机的社会微信群，开始接受大众评判。

第九步：停止问卷投票并结束。

4）完成的网络调研问卷。完成后的网络调研问卷详见网址：https://tp.wjx.top/m/35976860.aspx?from=singlemessage&code=021mHVru1nmRGf0N-Gzou1GpVru1mHVrr&state=sojump。

5）调研结果。该问卷于 2019 年 4 月 21 日投入网络平台开始接受大众投票，截至 2019 年 4 月 23 日，共 432 人参与投票，五个方案的问卷结果如图 5-22 ~ 图 5-26 所示：

图 5-22 中的调查结果表明：方案一中"综合更差"为 11 票，占 2.55%；"综合相当"为 53 票，占 12.27%；"综合更优"为 368 票，占 85.19%。由于将"综合更差"的方案定性为"不满意"，将"综合相当"和"综合更优"定性为"满意"。因此，该方案的整体满意率为 97.45%。

图 5-23 中的调查结果表明：方案二中"综合更差"为 44 票，占 10.19%；"综合相当"为 229 票，占 53.01%；"综合更优"为 159 票，占 36.81%。因此，该方案的整体满意率为 89.81%。

图 5-22　方案一调查问卷结果　　　图 5-23　方案二调查问卷结果

图 5-24 中的调查结果表明：方案三中"综合更差"为 103 票，占 23.84%；"综合相当"为 125 票，占 28.94%；"综合更优"为 204 票，占 47.22%。因此，该方案的整体满意率为 76.16%。

图 5-25 中的调查结果表明：方案四中"综合更差"为 51 票，占 11.81%；"综合相当"为 215 票，占 49.77%；"综合更优"为 166 票，占 38.43%。因此，该方案的整体满意率为 88.19%。

图 5-24　方案三调查问卷结果　　　　图 5-25　方案四调查问卷结果

图 5-26 中的调查结果表明：方案五中"综合更差"为 122 票，占 28.24%；"综合相当"为 103 票，占 23.84%；"综合更优"为 207 票，占 47.92%。因此，该方案的整体满意率为 71.76%。

6）结论。在五个方案中，方案一的"综合更优"占比为 85.19%，方案二的"综合更优"占比为 36.81%，方案三的"综合更优"占比为 47.22%，方案四的"综合更优"占比为 38.43%，方案五的"综合更优"占比为 47.92%。基于"综合更优"指标对五个方案的优劣进行排序如下：方案一最优，方案五第二优，方案三第三优，方案四第四优，方案二排第五。

在五个方案中，方案一的"综合更差"占比为 2.55%，方案二的"综合更差"占比为 10.19%，方案三的"综合更差"占比为 23.84%，方案四的"综合更差"占比为 11.81%，方案五的"综合更差"占比为 28.24%。基于"综合更差"指标对五个方案的优劣进行排序如下：方案五最差，方案三第二差，方案四第三差，方案二第四差，方案一排第五。

在五个方案中，方案一的"综合相当"占比为 12.27%，方案二的"综合相当"占比为 53.01%，方案三的"综合相当"占比为 28.94%，方案四的"综合相当"占比为 49.77%，方案五的"综合相当"占比为 23.84%。基于"综合相当"指标对五个方案进行分析可得：方案二和方案四与现有广州 6 号线地铁列车旅客界面方案较为接近。

图 5-26　方案五调查问卷结果

综合考虑"综合更优""综合相当""综合更差"三个指标分析可得：综合设计质量最佳的方案是方案一，方案优劣争议最大的是方案五和方案三。

5.4　轻轨列车

下面以鄂尔多斯轻轨列车设计方案为例，对该型列车的设计进行介绍。

（1）鄂尔多斯地域文化　"鄂尔多斯"为蒙古语，意为"众多的宫殿"。鄂尔多斯位于我国内蒙古自治区西南部，其地域文化涵盖沙漠气候、高原地形、草原、蒙古族等，部分地域文化载体如图 5-27 所示。

（2）设计方案一　以"鄂尔多斯骏马"形象为文化元素，提炼抽象为轻轨列车的车头，形成轻轨列车头型设计方案；将蓝天白云和沙漠的色彩融入内室旅客界面的设计，形成了设计方案一，如图 5-28 所示。

图 5-27 具有鄂尔多斯典型地域特色的文化载体

(3) 设计方案二 仍然以"鄂尔多斯骏马"形象为文化元素,提炼抽象为轻轨列车的车头,形成轻轨列车头型设计方案;将草原绿和沙漠的色彩融入内室旅客界面的设计,形成了设计方案二,如图 5-29 所示。

a)

图 5-28 方案一

a) 外观效果

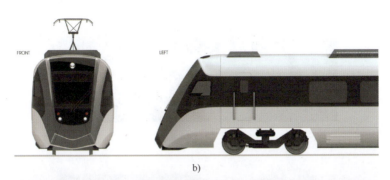

b)

c)

d)

图 5-28 方案一（续）

b）向视图 c）驾驶界面 d）旅客界面

图 5-29 方案二

a) 外观效果 b) 向视图 c) 驾驶界面 d) 旅客界面

5.5 单轨列车

下面以 SAFEGE 型悬挂式单轨列车设计方案为例，对该型列车的设计进行介绍。

（1）车体约束　该列车基本编组是由两节车厢组成，可扩展为三节车厢，基本编组的两节车厢车体约束尺寸如图 5-30 所示。

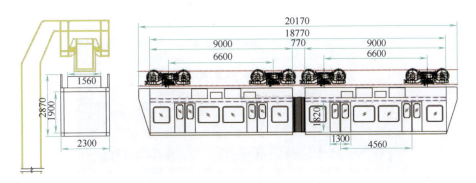

图 5-30　悬挂式单轨列车车体约束

（2）设计方案　以"钻石"切割几何元素形象为文化元素，提炼抽象为悬挂式单轨列车的车头，形成悬挂式单轨列车头型设计方案；将科技蓝融入列车的涂装和旅客界面的设计，形成了设计方案，如图 5-31 所示。

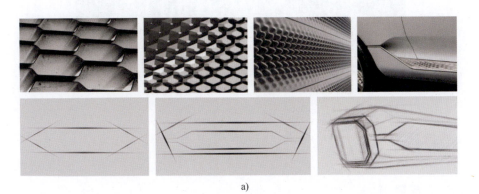

a)

图 5-31　设计方案

a）设计元素

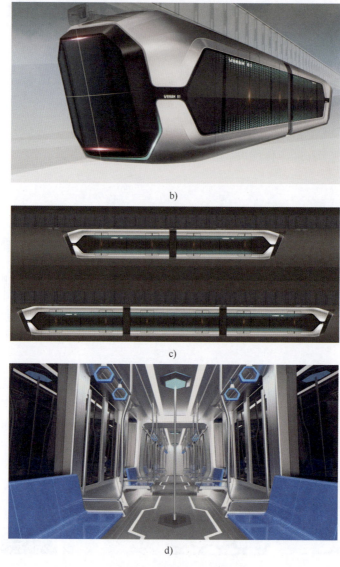

图 5-31 设计方案（续）

b）效果图　c）编组组合　d）旅客界面

5.6 有轨电车

在所有类型的有轨电车中，浮车型式与其他车辆型式相比具有以下优点：第一，是100%低地板车辆中应用最为广泛的一种结构形式，技术成熟；第二，浮车车体不需转向架，能够降低车辆的制造成本，提高车辆的性价比；第三，在所有的100%低地板车型中，浮车型式的容量最大，能够有效缓解高峰时段的客流压力；第四，浮车型式的车辆车内空间更加宽敞，有利于提高乘坐的舒适性。综合考虑到经济实用、节约成本、舒适美观等因素，浮车型式更适合我国100%低地板车辆。下面将以成都的浮车型有轨电车设计方案为例，对该型列车的设计进行介绍。

（1）成都地域文化　通过调研成都及其周边地区，提出多个典型文化元素载体，如图5-32所示。

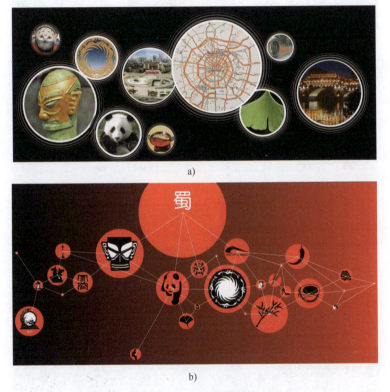

图5-32　具有典型成都地域特色的文化载体
a）文化载体　b）与成都文化相关性强弱

（2）方案一　以"竹子"形象为文化元素，提炼抽象为有轨电车的车头，形成有轨电车头型设计方案，如图5-33所示。

（3）方案二　以"三星堆"形象为文化元素，提炼抽象为有轨电车的车头，形成有轨电车头型设计方案，如图5-34所示。

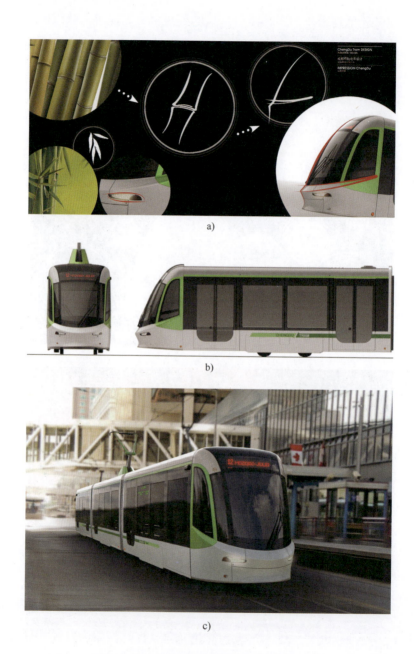

图5-33 方案一

a)"竹"概念方案 b)方案向视图 c)效果图

d)

图 5-33 方案一（续）

d) 缩比模型

a)

b)

图 5-34 方案二

a) "三星堆"概念方案　b) 效果图

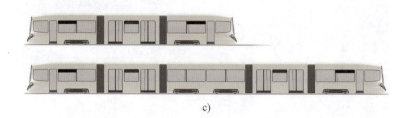

c)

图 5-34　方案二（续）

c）编组组合

（4）方案三　以"川剧脸谱"形象为文化元素，提炼抽象为有轨电车的车头，形成有轨电车头型设计方案，如图 5-35 所示。

a)

b)

图 5-35　方案三

a）"脸谱"概念方案　b）效果图

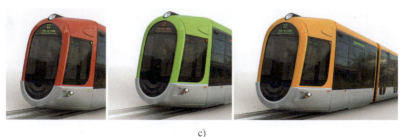

c)

图 5-35　方案三（续）

c）涂装方案（辣椒红、竹叶绿、脸谱黄）

（5）方案四　以成都新津美食"黄辣丁（黄骨鱼）"形象为文化元素，提炼抽象为有轨电车的车头，形成有轨电车头型设计方案，如图 5-36 所示。

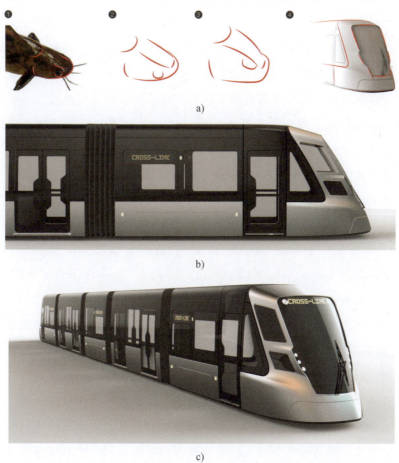

图 5-36　方案四

a）"黄辣丁"概念方案　b）侧视图　c）效果图

后记

　　随着各型轨道交通系统在我国的快速发展和建设，应从战略高度重视轨道列车的工业设计。如何从工业设计角度处理好列车与使用者、线路环境、运营国家或城市形象及文化等要素之间的关系，设计出环境友好宜人、外形美观、运维使用便捷，又具有典型线路和地域文化的列车已成为我国轨道交通领域目前亟待突破的一个发展方向。

　　轨道列车工业设计的任务是通过研究各类与列车相关人员的生理特性、心理特性、乘车（作业）任务和行为特点，列车自身的技术特性，列车使用环境的特性，以及三者间可能存在的相互作用特性，分别对各型轨道列车的车内旅客界面、驾驶界面、列车检修界面和外观进行设计并评估设计的合理性和可行性。

　　本书部分内容及主要学术观点源于作者的论文《中国高速列车工业设计研究综述与展望》《中国铁路客车无障碍设计研究》《我国城市轨道列车工业设计研究进展与挑战》《环境友好地铁列车车内旅客界面照明设计与评价》"A systematic approach for streamlined head form design and evaluation of Chinese high-speed train" "Cultural product design: A methodology to incorporate regional culture into products"等，侧重从工业设计视角对轨道列车的起源与发展现状，国内外知名设计机构，列车工业设计涉及的技术、人因、美学和文化四要素，轨道列车工业设计与仿真评估软件，技术-人因-美学-文化多要素偶合的轨道列车系统设计方法等内容进行介绍，给出了多型轨道列车工业设计案例。本书核心内容仅涵盖了列车车内旅客界面、驾驶界面和外观设计，在轨道列车检修界面设计与评估、轨道列车样车（实车）综合评估等方面，本书并未进行介绍，今后还将进一步加强这些方面的研究，并力争在后期改版时将这些内容扩充到书中，从而为读者提供更加完整、全面的参考。